心智的风景线

北京上河卓远文化传播有限公司 出品

心智的风景线

王佐良 著

河南大学出版社
HENAN UNIVERSITY PRESS

目录

序 ……………………………………………………… 1

山水与文采

澳洲盛节当场观 ……………………………………… 3
诗人勃莱一夕谈 ……………………………………… 19
乔伊斯与"可怕的美" ……………………………… 34
彭斯之乡沉思录 ……………………………………… 55
斯凯岛上的文采 ……………………………………… 70
爱丁堡和奥班的友人们 ……………………………… 87
牛津、剑桥掠影记 …………………………………… 105
文学的伦敦，生活的伦敦 …………………………… 118

一次动情的旅行

图书馆 ………………………………………………… 133
才女们 ………………………………………………… 141
新英格兰的思想气候 ………………………………… 151
中心的绿洲 …………………………………………… 162
伯克莱的势头 ………………………………………… 171
湾区山水人物 ………………………………………… 180

序

出游外国有各种体会：紧张，疲倦，辛苦，都感到过，但也尝到过乐趣。我是一个喜欢安定和宁静的人，但又向往着流动——流动的色彩，乐声，语言，风景，人脸，都吸引着我。远程旅行在个人生活上更是一种大流动，身体在动，心灵也在动，因此印象特别鲜明，思想也比较灵活，这种时候就不免想写下一点东西来，作为日后回忆的印证，于是而有这里的若干篇游记。

既写，就想脱出一般记游的格局，有点个人色彩。于是投下了更多的自己，力求写出真情实感。另外，我试着要反映一点所接触到的文学情况、文化环境、社会思潮，也都是根据自己的切身体会，仍然包含在对人对地的观察里，着重的是当时的情，而不是抽象的理。要知道，一只学院墙后的田鼠，虽然多年掘土也自得其乐，有时候也想到墙外骋驰一番，甚至高翔一下的。

是为序。

王佐良
一九八六年秋

山水与文采

澳洲盛节当场观

对于一个文学史家,澳洲文学是一个理想的研究对象。它的历史也长也不长:长的是当地原来居民的文学,特别是口头文学,只是人们对此知识不多罢了;短的是十八世纪白人到达以后的英语文学,历史不到两世纪,其中真正有创作的历史不过一百多年。然而后者历史虽短,却经历了几个明显的发展时期,由纯粹是母国英国的文学的附庸发展到具有澳洲性格和澳洲特色的民族文学,等到第二次世界大战一结束,更是以自信、自豪的姿态崛起于南半球,驻足于世界文坛了。

这自信、这自豪的象征之一,就是从六〇年代以来,在澳洲阿得雷德(Adelaide)城每两年举行一次的艺术节,节中必有节目之一是"作家周",这一活动的特色之一是它的国际性,即以澳大利亚作家为主,邀请许多外国作家,共同来讨论文学上的重要问题。

阿得雷德是一个面对印度洋的花园城市,城中有河,四周都是大片绿地，附近还有若干个大葡萄园。三月初旬正是炎夏刚过的初秋天气，白天金阳闪耀而不灼热，晚上则一凉似水，恰是人们在幽静的林荫道上漫步长谈的好时节。

我们——中国作家协会派往澳洲的第一个代表团——就是在这样的季节来到了这个自称为"南方的雅典"的美丽地方。

说是"雅典"也不无道理。艺术节本身节目如花朝一样繁盛。我们听了若干场诗朗诵和一个歌剧，看了几部电影和一个讽刺性极强的木偶戏，看了穿现代服装上演的英国十七世纪剧作家韦勃斯特写的诗剧《白魔》，看了又听了德国著名女演员吉色拉·梅（Gisela May）唱的布雷希特（Brecht）剧中的若干插曲。这后者确是一种艺术上的享受。只见她身穿黑色衣裤，有时短发白脸，有时斜披头巾，姿势不多而亲切，声调也低沉而富人情味，宛如在小酒店里向工人们作絮谈式的演唱，通俗化，散文化，不做作，不追求高昂，于平淡中见功夫，却赢得了满场观众的心。

更主要的，却是作家与作家间的见面，谈话，讨论。

讨论的场所显得很特别。在如茵的绿草地上，搭起了一个有彩色条纹的大帐篷，篷里放了若干排椅子，上面有一长列桌子，坐在桌子后面的就是主席和三四位主要发言人了。帐篷外面设有冷饮处和桌椅，听众进进出出，发言如精彩就多听几句，否则就走开，坐在外面喝啤酒或休息，再不然就在附近一个权充书店的较小帐篷里去看陈列着的或听凭选购的书和杂志。

会议的组织者当中,有澳洲文化协会文学部主任罗伯特·勃里森登(R. F. Brissenden)和"作家周"委员会主席安德鲁·泰勒(Andrew Taylor)。他们两人都是大学教师,又都是诗人,对于大会的顺利进行尽了最大的努力。对于我们中国代表团,还有一位最热情的主人,就是澳中友好协会的梅卓琳女士(Jocelyn Chey)。

讨论逐日有专题,首先是当今澳洲文学创作的巡礼,有专人谈小说、视听作品、一般著作、戏剧、诗、儿童文学等。发言不长,每人半小时,台下发问者甚多,回答很扼要,整个气氛随便而活跃。

总的印象——只能谈印象——是:过去两年澳洲文学是活跃的,出了一批好作品,已经从"竭力表现澳洲特色"进入到写普遍性的题材,无须标明澳洲而澳洲风格自在了。

谈诗的是一位女诗人罗特里奎司(Judith Rodriquez)。她引了另一位女诗人、著名的朱迪丝·赖特(Judith Wright)的一句话,倒是提纲挈领地总结了澳洲文学的过去。她说:澳洲作家所写不外两个主题:一是被放逐在欧洲和文明世界之外的心情,一是对澳洲所怀抱的希望,即所谓"澳洲之梦"。这话出自赖特写于一九六五年的论文。十五年过去了,情况是否有了变化?

第二天会上,小说家考希(Christopher Koch,畅销的长篇小说《艰危中生活的一年》的作者）对此作了部分回答。他认为澳洲作家现已完全自主，不再仰英国文坛的鼻息生活。换言之，面对澳洲白茫茫的大片莽原而不胜空虚之感的作品已经过去，继起的是对于澳洲现实的深刻关注，而澳洲的地理观也变了，不再把自己看作是远离英国和文明欧洲的白人放逐所，而自居为一个在亚洲以南、与印尼等国毗邻的南半球的多民族社会。

考希说话时曾被听众中的反对者几次打断，他们指出：澳洲文学曾经有过三个"黎明"，其中一个以凯瑟琳·苏珊娜·普里恰德（Katharine Susannah Prichard）的现实主义小说为代表，为什么考希对此一字不提？

像是针锋相对地重申现实主义传统，有一个上午专门用来纪念亨利·劳森（Henry Lawson）。主要是读他的作品，如著名的短篇小说《牧人的妻子》、《荒林中的殡仪人》，还有他的诗和书信以及别人对他的回忆。读的人一个是男演员，一个是女的文学爱好者，都读得传神，特别是那个演员，读得既有感情而又不失之夸张。这次会的主持人也读，他是拿一些小段落来填补与联结，虽然不是职业读者，也读得很好。想不到他原来是南澳大利亚州的总理，据说是由于悲悼他中国血统的妻子的去世而辞去政职的，只是为了纪念劳森才重新在公共场合露面。

这一个安排使得听众回忆了劳森的生平，重温了他的作品，花时不多，却产生了巨大的效果。

《牧人的妻子》是怎样出色的作品呵！其景，澳洲内地荒林里的小木屋，孤零零的，几百里外才有人烟；其情，一位勤劳的年轻母亲拿木棍打死了一条要来伤害她的婴孩的毒蛇；其文，牧人们的口语、俚语，完全摆脱了伦敦文坛上的书卷气。新的风土和人情，荒林的平凡和神秘，牧人妻子的勇敢、机智和同土地一样的坚韧——这一切都完全是澳洲的，同时又完全能打动世界上别处读者的心。无怪乎劳森开了澳洲文学史上的新页。我听着听着，不觉对这位晚景凄凉的大作家产生了新的敬意。

劳森的名字对于我们中国读者是不陌生的。但是我们也听到了另外一些作家的名字，在澳洲颇享盛誉，而我们则未之前闻。例如新起的剧作家大卫·威廉逊（David Williamson），据说其《北游》一剧是十分成功的。又如小说家托马斯·基尼利（Thomas Keneally），其最近的长篇小说《南军》（*Confederates*）开了澳洲人写美国内战题材的先河。

有一个作家人们一提到总是要表示尊敬，她就是克里丝蒂娜·斯泰德（Christina Stead）。我过去曾在英美文学杂志上看到论述她的作品的文章，但是从来没有读过她的作品。这一次我才知道她的著作很多，而其中最受欢迎的作品是写在四十年代的《爱儿童的人》。不久，我们也在一次午餐会上见到了她本人——一位文雅安静、朴素无华的老太太。介绍我们同她见面的女主人——也是一位作家——称她为"活着的最伟大的澳洲小说家"。她自己，则谦虚地说她多年住在欧洲和美国，写的是普通性题材，对于澳洲本身则是写得太少了。

既然提到小说家，人们必然要问：派特里克·怀特（Patrick White）又在哪里？这位一九七三年诺贝尔文学奖的获得者毕竟是当今澳大利亚最著名的作家。我们到达的时候，正逢他的新作《特莱庞事件》出版，在书店里看到了此书，来不及读，只知道内容是讲一个兼有男女两性特征的"阴阳人"的。

然而他本人不露面，据说隐居在悉尼近郊，轻易不见客，我们只是听到了关于他的一些传说和争论。

传说之一是，他把他领到的诺贝尔文学奖金捐了出来，设立一笔基金，专门接济澳洲青年作家。这样的为人当然使人们更加喜欢他了。

然而关于他的作品对于澳大利亚的意义，却引起了相当普遍的争论。他有热烈的赞颂者。无论如何，《沃斯》、《人类之树》、《暴风雨的中心》以及较近出版的《一圈叶子》等长篇小说写下了澳洲的成长和过去，文笔又是那样独特地典雅而富于层次，他的成就是坚实的。然而为数不少的反对者却指出：他对于澳洲怀着讽刺、指摘的态度，是用一个久居欧洲的"逐客"的眼光来看待的。可能怀特还有一些言论激怒了一部分澳洲人。对于这样一位举世公认的大作家在家乡反而引起这么大的争论,我们这些来访者感到惊奇。

后来,在悉尼,当基尼利在一家海滨俱乐部(名叫"莫比·迪克",即"白鲸")请我们吃午饭的时候,我问了他对怀特的看法,他的回答很干脆:"怀特是抹杀不了的。"这是一个小说家对另一个小说家的赞语。也许,作家或作品能引起争论不是坏事,总比那些不痛不痒的、一味温柔敦厚的文章更有新意吧。看样子人们终究不能不同意基尼利的赞语:怀特是抹杀不了的。

我也是怀着寻找诗人的愿望来到澳洲的。我读过一些澳洲诗人的作品,在临行前夕,又有澳洲朋友借我看了霍普(A. D. Hope)的一本别开生面的集子,叫做《酬唱集》,里面主要是对英国过去有名诗篇的模仿性的回答,意在讽刺。例如十七世纪的本·琼生(Ben Jonson)曾写《致西里亚之歌》,其起句是:

> 请只用你的明眸向我祝酒吧!……

霍普现在替西里亚草拟了一首诗,作为她的回答:

> 亲爱的琼生先生,承蒙不弃,
> 送了我优美的近作一首,

看似诗来实是谜，

叫我至今难猜透。……

当然，这类游戏笔墨并不能代表霍普诗才的主要方面，虽然它们也透露了他的才智和技巧。霍普的诗读来十分爽利，他似乎是用了蒲伯式的警句来写出当代澳大利亚文化人的敏感，其显著特色之一则是大量的性爱的比喻。这是一种苦涩的性爱，然而他认为：

只有这源泉

流出缪斯的丰收之泪

霍普又是文学教授和批评家，写起文论来也是锋芒毕露的，例如他说：

一个诗人根本胸中无物，作品也寥寥无几，然而围绕他却出现了无数以崇拜和阐释他为业的人，这真叫人感到惊奇。……艾略特（T. S. Eliot）写写打油诗还可以，可是他几次试写严肃的诗，虽然装腔作势，却是大部分失败了，其实他那没精打采、软弱无力的自由体诗一开头就注定要失败的。（《酬唱集》，一九七八，第87页）

然而等我们后来在堪培拉我国大使馆的招待会上看见他的时候，却发现他是一个谦虚而诚恳的长者，说话不多，说时也不是才华横溢的样子。可能是由于场合不对头；在那种客人很多的社交场合，又加上是第一次见到异国的来访者，自然只能交换一些客气话，诗才是无从闪耀的。

也是在同一场合，我看到了著名女诗人朱迪丝·赖特。她也是六十多岁的老太太了。但当我握着她的手的时候，我的心里是激动的。这儿是一位用诗歌倾吐她对澳洲的乡土、风物的强烈的爱的女作家，三十年来她无视文学风尚的变化而坚持走自己的创作道路；这儿又是一位有慧眼能从细小事物识出它们所反映的大的精神世界，并用准确、敏感的笔触写出这一联系的有心人。我记起了她那首题为《一纸文书》的诗。她怀着怎样的依恋的心情看她所有的一片树林——其中每一棵树都比她自己年龄大——被砍倒去造第二次世界大战时国家所需要的轰炸机：

"这儿你签字。"我签了，好心疼！
卖掉了我名下的一片好树林。

……为了帮助这民族

我在纸上签了字。树是纯种，

> 一共八百棵。心疼呵,
> (你砍树时可闻到了那树皮的清香?)
> 我把名字签上了这块土地。

不仅树,她也爱澳洲的黑色的白鹦鸟。在暴风雨即将来临前的片刻静止里,当"别的鸟不出声,或畏缩或祷告"的时候,这些勇敢的黑鸟却成群出动了,

> 直到我能听到
> 这些黑色野鸟跳荡在高树之巅,
> 叫喊着世界的不安。

正因为她面对澳洲的现实,她表现了精神上的健康和生命的丰满。同样是感情强烈,她却毫无当代某些美国女诗人——如所谓"坦白倾诉派"的安·萨克斯顿和雪尔维亚·普莱斯——的神经质,无怪乎有人称她为英语世界中一时无两的女诗人。

赖特同霍普虽然还在写作,毕竟在年龄上属于老一代。澳洲的新一代诗人又是什么情况?

我们在阿得雷德艺术节上碰到了一些,但多数不在讨论会的帐篷内,而是在"艺术节中心"的广场上。那里有一个吃午餐的露天饭馆。当我们坐在小圆桌旁吃着夹肉面包的时候,几次

听见在一个平台上有一群青年男女站着在说话，过一会他们就轮流朗诵起来，有时还自奏乐器相伴。台下听众或聚或散，听得高兴时也鼓掌、吹哨，有时也反问几句。我们听不清读的是什么内容，但是对于那种在阳光下公众场所很不费事就举行朗诵会的活泼、自在的空气是很喜欢的。

后来，在悉尼，我们又在酒会上从年轻诗人们的手里接过来许多单张的诗篇，一大张纸只印一首诗，就像过去英国街头叫卖的活叶歌谣。

在这等地方，我们看到了澳大利亚诗歌的群众化、通俗化的一面。

艺术节上颇有一些外国的知名作家出场：尼日里亚小说家钦努阿·阿契贝（Chinua Achebe），美国诗人罗伯特·勃莱（Robert Bly），英国诗人兼出版家恩赖特（D. J. Enright），苏格兰诗人兼小说家克赖顿-史密斯（Iain Creighton-Smith），印度作家拉尔（P. Lal）和达斯（Kishori Charan Das），印度尼西亚作家查特曼（Darmanto Jatman），捷克作家慕恰（Jiri Mucha），日本女诗人白石嘉寿子，马来西亚作家李国良（Lee Kok Liang），美国《三季刊》（*Triquarterly*）杂志主编艾略特·安德森（Elliott Anderson），英国《伦敦》杂志主编艾伦·罗斯（Alan Ross），等等。

有三场讨论是主要或完全由外国作家来担任的。一场是我们中国作家团介绍我们的文学情况。（已有杨宪益、俞林两位同志在别处撰文谈过，本文以谈外国文学为主，就不多说了。）

另一场讨论"神话、象征与寓言"。这是一个时髦题目（美国汉学界近来有人从这些方面研究中国文学），发言者四人。第一个是阿契贝。他认为神话不是装饰品，而是一切文学的中心，但有好的与坏的神话之分，后者如纳粹党徒所鼓吹的"统治民族"论。附带地说，阿契贝本人写的长篇小说，如著名的《分崩离析》，就是讲非洲人民中间的好神话即好传统怎样在白人文化的侵蚀下消亡的。

第二个发言人是勃莱。这位诗人兼翻译家（他译了拉美聂鲁达和伐也霍①的诗，译文出色）讲了两个神话故事，其中之一是关于一位妇女飞到月宫去的传说。

这两位作家后来成了我们中国代表团的好朋友，我们分别请他们吃饭，以便能多交谈。他们两人的外表形成对照：阿契贝身材中等，穿着朴素，说话声音不高，态度谦虚而亲切；勃莱则身材高大，嗓音宏亮，不穿外衣而只穿一件大红背心，打一条大红宽领带，一头金黄散发，举止如他的祖先挪威航海者。两人都对中国和中国文学发生兴趣。

阿契贝近来除了继续写小说，还写诗，又编着一个英文杂

---

① 后文也作"巴列霍"。书中有若干译名不统一之处，除改动少许译名差异较大者，均不作改动，以保留作品原貌。——编者注

志。他曾在美国大学任教几年，对于美国文坛情况也是熟悉的。他认为美国小说家辛格和贝娄写得有内容，埃利生（Ralph Ellison，名著《看不见的人》的作者）和凯勒（《军规第二十二条》的作者）也是他喜欢的。厄普代克是他的好朋友，很有才华，但他觉得他作品的内容琐碎了一点。

至于非洲文学，他认为由于历史的原因，非洲作家用英、法文写作是会继续下去的。问题在写什么内容。他不赞成桑戈尔（Leopoid Senghor，塞内加尔的总统，著名的法文诗人）关于Negritude的主张，即保持一切非洲传统与非洲本色的文艺主张，曾就此同桑戈尔本人辩论过，而桑戈尔本人实际上也已放弃了这个主张。

可惜我们见面的时间还不够长，而他又提前一天离开了澳洲，我们来不及同他讨论他自己的作品。

勃莱则用一种独特的方式在我们心上留下了印象。有一天，他打电话要到我们所住的旅馆房间里来看我们。过一会，只见门开处这位轩昂的汉子提了一个乐器长盒进来，一打开原来是一架有弦的古式长琴，他称之为dulcimer，是他自己设计自己制造的。他就用手指拨着琴弦，朗诵起他自己的诗来，那声音可仍是随常白话，并不高昂或漫长如唱歌。我似乎听到了一整个美国民主诗歌的传统——从弹吉他的桑德堡（Carl Sandburg）到这位拨弦而诵的勃莱——在澳洲旅馆房间里起着回响。这些诗人都是人民之子，都不怕说真话，桑德堡用毅力和热情歌颂了林肯，勃莱则用更新颖的形式对美国侵越战争提出了抗议。有人称勃莱为"超现实主义派"，他说这样称也无不可，因为美国的情况就像"超现实主义"作品所描绘的那样荒谬。……

让我们回到阿得雷德的帐篷里，再听听第三场以外国作家为主的讨论会。

这一场的题目是：文学与民族文化。

这里的核心问题是，作家该用本族语还是外族语创作？我原以为这是很容易解决的问题，听了讨论会却使我惊讶于它的复杂性。达斯认为在像印度这样有五百种方言的国家，用英文创作也是无可厚非的。查特曼说他不用爪哇文而用印尼文写作，是为了表示他对统一的印尼国家的忠诚，而这对于一个刚从西方帝国主义奴役下解放出来的国家是重要的。马来西亚的李国良则说由于自己中文、马来文都不好，只能用英文写，但因此感到自己像无依靠的孤儿，是人也非人（a nonperson）。捷克的慕恰认为一个民族如无书，则一切无存。他说了一个有意义的故事：黑人用箭射象，象一怒之下就把他插在仙人掌的尖刺上；以此表示如为文学努力，就要准备担当风险。印度的拉尔则朗诵了有关加尔各答城的四首诗，用以说明民族文化的特殊性在于这个民族所受的苦难，在于同情和爱。

这一场讨论会延续了一天，从早上开到下午，每人说完之后都有人提问或发表评论，各抒所见，不求结论。我自己则倾向于早晨会上苏格兰作家克赖顿-史密斯的发言。他回顾了苏格兰作家之间有过的争论：该用英文写作还是该用苏格兰方言？他的回答是：即使在苏格兰这样一个人人都纯熟使用英语的地方，作家也应该用苏格兰方言，这是因为在文学创作的最高境界，只有用本族语才能达到对语言的创造性的、探索性的发掘和运用。他认为文学史上有足够的例子证明了这一点：以彭斯的天才，他的英文诗却远逊于他的苏格兰方言诗；司各特是一代文豪，然而由于他用英文写，他在语言上缺乏真正的创造性；现代苏格兰诗人中，用英文写作的大多碌碌无建树，而成就最大的得数那位用方言创作的休·麦克迪儿米德①。用方言则灵活、生动，用英文则平板、滞重——这是值得人们深思的结论。

在阿得雷德的日子就这样飞快过去。终于我们又搭上飞机，到墨尔本，到堪培拉，最后又到悉尼。

一路之上，我们参观自然保护区，参观图书馆、博物馆、大学，在大学里讲演、座谈，我们又出席一个接一个的宴会酒会，结识了许多朋友。

而终于有一个晚上，我们发现自己坐在悉尼歌剧院楼上第一排正中的红色椅子上，看澳洲芭蕾舞团演出的节目。

歌剧院里，装饰主要是黑红两色：黑的柱子，红的椅子。有

---

① 后文亦作"麦克迪尔米德"。

许多楼梯通向走廊。透过走廊的大玻璃窗我们看见了蓝色的天空,蓝色的大海,和左边那座灯光如珍珠的悉尼大桥。

然而更惊人的是歌剧院的外形。从早晨起,每一次经过,我们就在不断看它。这五大片白色的建筑体是什么? 如贝壳,如船上张开的白帆。是静止的,然而又跃跃欲飞。是二十世纪后半叶新材料和新工艺的结晶,然而终究又是人的想象力的胜利。

我坐在椅子上看着台上的目迷五色的舞衣舞姿,听着节奏很快然而乐调优美的浪漫主义音乐,虽然连日劳顿几乎使我闭下眼来,我的心里却是既恬静,又活跃。这歌剧院的一切都是人所创造的。人有大胆的想象力,又有能将想象变为现实的本领——谁说他在堕落,在失去英雄时代? 不,人在上升。建筑、音乐、舞蹈在上升,我们的饱经忧患的文学也在上升。

(一九八〇年)

诗人勃莱一夕谈

事情得从澳洲说起。我们在阿得雷德参加艺术节的"作家周",碰上了美国诗人罗伯特·勃莱(Robert Bly),一个高大的中年汉子,声音宏亮,不穿外衣而单穿一件大红背心,系一条宽宽的大红领巾(称之为领带是太大了),用一种洒脱而亲切的态度招呼着别人。

过不几天,他来到我们所住的旅馆房间,随带一个长长的乐器匣子,一打开,原来是一架有弦的木琴。他就拨着弦,朗诵起他自己的诗来。朗诵的声调是低沉而不做作的,没有戏剧性的突然高昂;那木琴的伴奏也是即兴之作,听不出什么特别曲调。

他所读的诗的题目是《想到〈隐居〉》,其中的《隐居》据说是中国白居易的一首诗,也就是说他这作品是受了白居易的启发而写的,现在他来读这首诗是为了表示他欣赏中国古典诗。这一情景——高大的诗人、古朴的长琴和那说话式的朗诵——在我的心上留下了难忘的印象。

在此之前,我已经读过了他的一些诗,并且在我的一个大本子上抄下了若干首。我爱他诗笔的新颖。这新颖,一则见于若干首的标题:

> 新的诗歌的可能性
> 工业革命之后,事情一齐发生了
> 那些正在被美国吃掉的人
> 反对英国人之诗
> 梅里特公路上的冰雹
> 驾车驶向"言语之湖"
> 大雪之前的长途步行
> 在刚犁过的田里走路

标题有什么值得注意的?但是勃莱和他的诗友们确是在标题上下功夫的。他的好朋友詹姆士·赖特(James Wright,一九二七——一九八〇)比他走得更远,曾给所作的一首诗加上这样一个标题:

> 读了一卷坏诗,心情抑郁,于是走向一处闲置的草场,央昆虫来作伴

其情其文,宛如白居易某些诗的标题。勃莱本人之喜诵由白居

易《隐居》所启发的那首诗，也不出于偶然。后来听我说起这些诗的标题写法别致，勃莱就告诉我，他和他的朋友们确是受到中国唐诗的影响。

内容上也有近似唐诗之处。勃莱写山水，写草木虫鱼，写农场生活，用笔也淡雅，几乎可以说是一个新的"自然诗人"。他的白描手法也近似，他总是静悄悄地让具体事物、具体动作来说出他的心情。然而"近似"却不是"相同"。勃莱之所以新颖，还在于他的诗笔饱含着当代美国的情感气氛。就以《梅里特公路上的冰雹》一诗为例，他一上来就写他驾车走过沉静的街道，接着：

> 看到宽街上无人清除的大片冰雹，
> 我想起道旁延伸多里的舒适住宅，
> 两三层高，坚实，有打蜡的地板，
> 楼上卧房窗子挂着白帘，
> 窗台上放着黑玻璃的小瓶香水，
> 温暖的浴室里有灯光和待客的毛巾——
> 让孩子在这样的地方长大该多好！
> 可是孩子们最后却跌进操纵价格的黑河，
> 或者面对疯人院的一片雪野。

环境的舒适如彼，而青年人的结局又如此，勃莱是触到了这个

"汽车社会"的创痛的。说汽车社会也是名符其实的,勃莱有多少首诗都是写驾着汽车出行,而且一上路就是几百英里,地方是开阔的,自然景物也是多变的,但人们建造的城镇却似乎出自一个模子,而坐在方向盘后面的每个汽车驾驶者则有一种工业社会独有的寂寞感、孤独感。

这也就是说,勃莱的诗是地地道道的美国现代诗,然而又有他的个人特色。他混合了叙事和抒情、写实和奇想、山水和政治——在反对越战这一点上他比任何别的诗人更加甘冒风险,像《牙齿母亲终于赤裸了》那样的诗便是明证:

> 海军陆战队用打火机去点着茅草的屋顶
> 因为美国有这样多的私人住宅

在这里,愤怒采取了嘲讽式的对照形式。

后来,我又读到了勃莱所译的聂鲁达和巴列霍的诗,才知道他又是一个出色的翻译家。

因此,当勃莱在我们的旅馆房间拨弦而诵的时候,我是高兴的。当初在北京看到去澳开会的各国作家名单上有勃莱,我就是希望能见到他的。如今,这希望实现了。

然而,一个国际"作家周"那样的会议场合虽然提供了大家见面认识的机会,却不给参加者彼此长谈的时间。会议节目繁多,人人都在忙着,一转眼七天过去,会议结束,刚结识的朋友就要分手了。

勃莱的家在美国中北部的明尼苏达州。碰巧我也很快要去那里的大学讲课。于是我们相约：两周后在明尼阿波里斯城会面。

但是等我到达明城之后，却找不到勃莱。原来他到别处朗诵去了；他在澳洲曾经对我说过：他现在就靠每次朗诵所得的报酬过活。因此他总在奔波着。我也忙着对一群美国男女青年讲课，卷进了美国大学校园在上课期间的紧张工作之中。

两个月之后，一个初夏的早晨，他却打来了电话，说是回来了，约我们夫妇在一周后吃晚饭。

饭是在他家里吃的。他自己开车来接我们。沿途他谈明尼苏达州的政客们是怎样伪善，谈这个州的北部如何特别幽静，谈美国如何是"一个可爱而又危险的地方"。这可爱眼前便有明证。明尼苏达州是一个"万湖之国"，光在明尼阿波里斯城一个地方就有一百多个湖。我们的汽车好几次就在湖边上走，那夕阳下潋滟的水波是动人的。这个州的北部还有更多更大的湖，而且有人迹稀少的森林和草地，是驶船、钓鱼和打猎的好去处。而危险，也是一点不假的。美国多的是冲突、犯罪、暴死。就在我们见面之前一个月，我在电视上看到了迈亚密城在一次种族大冲突里留下的伤痕：几个街区成了焦土，几百辆汽车被烧毁被推翻了。在这个风景瑰丽、人物活跃的国家里，埋藏着一股地下的怒火，一有机会就要爆发。

说着说着，车子开到了一所住宅前面停了下来。这是在那个城市常见的郊外家屋，单层结构，淡颜色的外墙，门前有草地。走进去，却在客厅里看到了勃莱云游四海所带回来的纪念品：西方的雕刻，东方的佛像，许多异域的小工艺品，好些大画册，还有一只古老的木箱，像是中古航海时水手用的那种，使人记起勃莱的祖先原是北欧挪威人，说不定其中就有强悍的海盗。应该说，这是一个照美国标准看来是别致而并不富裕的人家。

笑脸相迎的女主人也不是一个通常的主妇，而是一个画家，文文雅雅的。

晚餐的主菜是烤鸡。诗人自己拿刀切鸡分给客人。美国人吃饭照例有一大盘生菜，另外就是酒，往往餐前开胃、餐时佐菜、餐后助谈各有不同的酒。勃莱款待客人的，主要是一种德国莱茵式的白酒，略带酸味，却远胜太甜的红葡萄酒。

然而比酒更有味的是谈话，特别是饭后四人在湖边散步时的谈话。

这湖就在勃莱住处附近，它有一个姑娘的名字，叫做"海丽埃湖"。这时已是暮色苍茫，蓝灰色的水波荡漾着，映出岸上的点点灯光。风也大了，我们立在码头跳板上感到了凉意。

这是一个使人沉思的时刻，我们谈话是断断续续的，然而已经谈到了诗。等到我们从湖边走向归途，把湖水撇在我们的身后，我们谈得更热烈了，有一阵我们两个就站在街角长谈，两位妻子看我们这等样子,也就微笑着摇摇头,挽起手来径自先走了。

勃莱的谈话里有一个叫我吃惊的主要论点,那就是,美国诗人还得同英国诗的传统斗争。

我说:"难道经过惠特曼,经过二十世纪艾略特、庞德等人,美国诗还会向英国诗低头?人们得到的印象,是恰恰相反。"

勃莱说:"不然。你只消看各大学英文系的情况就知道,他们全是亲英派。不少美国诗人写的是所谓美国诗,骨子里却是英国的韵律和英国的文人气。我们仍然需要真正的美国诗。"

"你是说要继续桑德堡等人的美国土传统?"

"也不。桑德堡是不坏的,然而仅有情感而缺乏思想。好的诗人则需要把情感和思想结合起来,既要有热情,又要能深思。"

"你能举出一个这样的诗人的例子吗?"

"爱尔兰的叶芝就是一个。多么了不起的诗人!而叶芝之所以能写得那样好,正因为他处在英国诗传统的边缘,而不是它的中心。"

我也是一个叶芝诗的爱好者。因此我们贪婪地讨论着他的诗艺。接着我们又上溯布莱克,华兹华斯,雪莱,济慈。勃莱也喜欢济慈,但感到他还缺乏足够的思想深度。我们也谈到彭斯。勃莱说彭斯是"伟大母亲的宠子"——这"伟大母亲"是勃莱的诗歌理论里常见的名词,她代表大自然,代表爱、艺术、忧愁、苦难,代表一切蓬勃生长的有活力的东西;而与之相对的则是枯燥的、忙碌的、斤斤计较的、唯利是图的、像秋霜一般肃杀的"岩石的父亲"。他的一首短诗《忙人说话了》道出了这两者之间的截然不同:

> 我不愿将自己献给寂寞之母,
>
> 爱情之母,谈心之母,也不献给
>
> 艺术之母,眼泪之母,或大海之母,
>
> 也不献给悲哀之母,
>
> 低头叹息者之母,
>
> 死亡的痛苦之母;
>
> 也不献给蟋蟀长鸣的秋夜之母,
>
> 开阔的田野之母,或耶稣之母;
>
> 我只愿将自己献给正义之父,
>
> 愉快心情之父,也是岩石之父,
>
> 也是最合礼节的姿势之父;
>
> 大通银行点燃了
>
> 一炷火焰,把我引向沙漠,
>
> 焦干的田地,一切化为零的风景;
>
> 我愿将自己献给正义之父,
>
> 愉快之石,钱财之铁,岩石之父。

这两节诗对照十分鲜明，前一节处处是真感情，后一节则"一切化为零"，而诗里听说的"正义之父"也就是鲁迅常提到的"正人君子"。所有勃莱认为好的诗属于前者，所有不好的属于后者。

"当然，"勃莱接着说，"这不是说美国没有好诗。好诗是有的，詹姆士·赖特、盖里·斯乃德(Gary Snyder)、威廉·斯塔福(William Stafford)、黑人里的巴拉卡(Amiri Baraka)和艾塞里吉·奈特(Etheridge Knight，名诗《祖先观念》的作者)、翻译中国唐诗的肯尼思·雷克斯洛斯(Kenneth Rexroth，他好像有一个中国名字，叫王红公)、新起的罗勃特·哈斯(Robert Hass)和拉塞尔·埃特索(Russel Edsow)，等等，他们全写过好诗。而他们之所以写得好，是因为他们不像艾略特、庞德那些人厌弃或鄙视美国，而是生根在美国，他们的诗出自美国的土壤。"

这使我记起他在一九七一年对另一个访问者所说的一段话：

> 在二十世纪之初美国被人看作庸俗、腐败……人们指的是某种程度的智慧上的腐败。……许多作家被欧洲吸引走了。庞德去了欧洲，艾略特去了欧洲，肯敏斯去了又回来了，海明威回来了一半，但是艾略特和庞德再也没有回来。他们离开了，找到了一点有价值的东西。而现在的情况是，人们感到如果要打架，应该就在这儿打出个名堂

来。艾略特到底是放弃了他的美国国籍,可是现在我看不可能有哪个美国诗人或作家会认真考虑这样做。……因此最近三十年里,人们能用常识和健康的态度来对待美国,诗人们不觉得自己比美国高出一头,而是决心在这里的土壤上打一场。

你只消看看别国的文学就会清楚,诗如不是从一个国家的土壤里直接生出来的,它就不会长命。拿庞德和艾略特来说,我们看到他们的作品是花盆里长的文学。把这些神气、漂亮的花盆运过大洋,放在纽约或任何别的美国地方,盆里的花不会生根,不会成长,因为它们不是在这个国家里创造出来的。这就是为什么一九一〇年代的现代派革命到了一九三〇年代就死灭了,于是现在作家们又得重新开始。……①

而这个"重新开始"就是诗要重新有强烈的生活气息;要热情,而不要书卷气;宁可粗犷,而不要"驯化"或"家庭化";然而又要有深刻的感受和思想,并且要刷新语言。用勃莱自己的话说:"问题在于,诗怎样使自己保持为一种生动的、色彩鲜明的、活生生的东西。"②

---

① 罗伯特·勃莱:《谈了一早晨》,密歇根大学出版社一九八〇年,54—55页。
② 罗伯特·勃莱:《谈了一早晨》,密歇根大学出版社一九八〇年,308页。

对此,他是有答案,也有实践的。

我们当时还站在沉沉暮色下的僻静的街头。他仍然没有提高嗓门,只是轻轻地继续说:

"因此,美国诗更要摆脱英国诗的传统,要面对世界,向外国诗开门。庞德和艾略特毕竟还是有功的,那就是他们又接上了同欧洲文学的关系。美国国内还有孤立主义的势力。四十年代的新批评派就是文学上的孤立主义的代表,他们要我们又回头搞英国文学。在他们的影响之下,诗和小说都带上了学院气。我们这一代的作家则反对这个,所以我们写超现实主义的诗,写反对越战的政治诗。然而学院派的势力还是强大的。在美国无数大学的无数英文系里,设立了无数的'诗创作车间',在教我们的年轻人如何写符合学院派格式的诗。其实,诗哪里是可以这样教会的?没有生活体验,怎能写出好诗?于是只剩下技巧,而凡事先谈技巧,以为技巧能决定一切,正是我们美国人的通病。……"

正是为了打破这个局面,勃莱和他的朋友们大力搞诗朗诵。这是艰苦的工作。往往地方难寻,听众不多。但是他们坚持着。跑远路去借废弃了的仓库,自己动手打扫会场,即使只有三四个老年听众,也照样鼓起精神好好朗诵。听众不懂所读的诗吗?那就自己解释,也评论别人的诗。经过长期不懈的努力,现在诗朗诵变成了美国文化生活里必不可少的节目了,各个大学校园的布告板上,贴满了各种颜色各种字体的朗诵预告。勃莱还到欧、澳等洲去朗诵过，发现最可爱的还是美国的听众。

"在英国，听众是为娱乐而来，"他说，"而有些诗人，如奥登，也懂得如何给他们娱乐。美国听众不同，他们不在乎有多少娱乐。当然，你开玩笑，他们也会笑的。但是他们愿意被你感动，愿意随着你感到痛苦。因此我现在对美国的听众有了一种新的尊敬。"

当然，这个收获不止是听众一方面，也是诗人自己的。他从听众对他的诗的反应中得到了一人苦吟中所得不到的好处：同情，默契，支持，有益于今后写作的批评、建议。

另一方面，为了使美国诗能够接触新的心智气候和新的表现方式，勃莱又同赖特等人学会了西班牙等语，动手翻译加西亚·洛尔迦、聂鲁达、巴列霍（Cesar Vallejo）、特拉克尔（Georg Trakl）①，又根据泰戈尔的英译本重译十五世纪印度诗人卡勃尔（Kabir）的诗；为了发表这些外国作品，他还创办了一个不定期的杂志，名字先叫《五十年代》，以后随着时间的推移又改叫《六十年代》、《七十年代》……

他曾告诉别人他是怎样发现聂鲁达的：

> 我到了奥斯陆，在那里的图书馆里看见了聂鲁达诗作的译本。我永远不会忘记我所读到的第一行聂鲁达诗。它

---

① 特拉克尔（一八八七～一九一四），奥地利表现主义诗人。

是这样的一行:

女孩子们把手扪在心上,梦想着海盗。

这是一行多么美丽的诗,美在诗人愿意喜欢女孩子,又不怕把这点愿意写进"内在的诗"。把海盗拉了进来,更造成一个奇妙的世界。

当你进入聂鲁达和巴列霍的作品时,你发现它们对于精力本身有一种热诚,对妇女、对跳跃着的生活也有热诚,而这种热诚是在庞德和艾略特的作品里找不到的。这就是我的发现。[①]

聂鲁达、巴列霍、拉丁美洲的其他作家,在三十年代被西班牙法西斯势力杀害的加西亚·洛尔迦,等等,都影响了勃莱本人的诗创作;然而还有另一个诗歌传统是勃莱向往的,那就是中国古典诗。

那一晚,勃莱说得十分明白:

"我认为美国诗的出路在于,向拉丁美洲的诗学习,同时又向中国古典诗学习。"

这样,他对于白居易的爱好也就有了一个大的背景。其实,何止一个白居易!还有李贺,他认为李贺诗里有真正出色

---

① 罗伯特·勃莱:《谈了一早晨》,密歇根大学出版社一九八〇年,210页。

的形象,"几乎是太狂了,连掩饰都无法掩饰"①;还有陶渊明,他把陶渊明选进他编的一本诗选②,认为这位中国诗人是十九世纪英国华兹华斯的精神上的祖先。他发现东方的诗有一种真正的"卓越",能够做到"各种感觉之间的融和"③。在另一个场合,他还说:

> 在古代中国,各个层次的知觉能够静悄悄地混合起来。它们不是像冬天湖水那样分成一层又一层,而是不知怎的都流在一起了。我以为古代中国诗仍然是人类曾经写过的最伟大的诗。④

像是为了强调这个看法,在我们快要告辞的午夜时刻,他又把他的自制木琴拿到客厅里来,然后轻拨琴弦,不事声张地朗诵起来。我一听,他朗诵的虽是英文,传达的却是一个中国唐朝诗人的声音:

---

① 罗伯特·勃莱:《谈了一早晨》,密歇根大学出版社一九八〇年,262页。
② 这本诗选叫做《宇宙的消息:两重意识之诗》,一九八〇年。在勃莱送给笔者的一本上,他题了这样的话:"这本诗选代表了我多年思考的结果。它以陶渊明开始,他是这本诗选的祖父:采菊东篱下……"。
③ 罗伯特·勃莱:《谈了一早晨》,密歇根大学出版社一九八〇年,262页。
④ 罗伯特·勃莱:《谈了一早晨》,密歇根大学出版社一九八〇年,129页。

问余何事栖碧山,

笑而不答心自闲……

(一九八〇年)

乔伊斯与"可怕的美"

——记乔伊斯百年纪念国际学术讨论会

英国已经够绿的了,但是爱尔兰更绿。从伦敦飞往都柏林,不过一小时,很快就从机窗口看到了蓝色大海那边的碧翠的山和绿色的地。在欧洲西北角,六月份很晚才天黑,我到时才八点,在一片银灰色的亮光下,一切都看得清楚。这有诗意的银灰色的黄昏迷住了我:一直到夜晚十时,天还亮着,好几次我在街上走着,来往行人的面容装束可以看清轮廓而又略带朦胧,使我心里又高兴又安静,禁不住对自己悄悄地说:这一趟来对了。

每天走过大桥,看见利菲河的汤汤流水,想起多少爱尔兰作家曾经咏叹过它;在三一学院的草地边上坐着,看见男女青年躺在草地上谈论着什么,又看见穿袍戴帽的教师们在庭院里慢慢踱着方步,想起这所学院曾培育了斯威夫特等大手笔,到今天还弥漫着书香;后来又去古老的圣帕特里克大教堂看了斯威夫特和他的女朋友斯泰拉埋骨之地,一块大铜牌用红漆写着他们的姓名,在幽暗的大教堂内与长窗上的五彩玻璃相映,闪着人的智慧和勇气的光辉。在这些场合,这种时候,我也对自己说:这一趟来对了。

我不是古代迷,来此也不只是为了追寻十八世纪的爱尔兰。我对爱尔兰文学的知识限于它的英语作品,而且后者也不出二十世纪头上三四十年——然而又是怎样辉煌的一段时期!肖伯纳,叶芝,辛格,奥凯西,格利高里夫人,其他在爱尔兰文艺复兴运动里显了身手的作家们,他们是怎样令人神往的一代!以不过三百万人口的国家,而仅在二十世纪初年就产生了这样多的第一流大作家,爱尔兰文学在世界文学中的地位和重要性,是无须饶舌的了。

关键还在于:爱尔兰文艺复兴是爱尔兰民族独立运动的组成部分。这后者都柏林街上就有见证。我住的旅馆在奥康诺尔大街上,对面不远就是邮政总局,而邮政总局是一九一六年复活节爱尔兰人民起义时的总部所在。正是在这里大门口的石级上,起义领导人宣读了爱尔兰共和国的第一个成立公告。后来,起义被残酷地镇压,总部的负责人全部被英军枪杀了。

我跨越街道走进那历史性建筑,投寄了我抵爱后的第一封航空信。看着那门口的大石柱和铜牌——铜牌上就写着此处曾为一九一六年起义军总部的事实——我记起了叶芝的有名诗行:

　　一切变了,彻底变了,

产生了可怕的美。①

现代爱尔兰文学不是只用露水和眼泪浇灌的,它还洒有起义者的鲜血。

问题是:这"可怕的美"当中,也包括詹姆斯·乔伊斯么?

毕竟,我这个异国客人主要是为乔伊斯而来。

今年适逢乔伊斯诞生一百周年。第八届讨论乔伊斯作品的国际学术会议在都柏林举行。由于爱尔兰公私各方面的资助,讨论会的规模扩大了。我被一位爱尔兰工作人员陪着到三一学院的文学楼去报到,看见里面挤满了人,各种装束与肤色的人全有,不但有在这种场合照例要出现的大学教师们,而且有不少男女青年。据说正式参加者达六百人。每人领到一个蓝色的文件包,其中光是会议日程表就是一本小册子,六天的日程排得满满的,除了开幕式、招待会、宴会等应有节目,还有七次学术演讲和几十次讨论会。演讲者和题目是:

理查德·艾尔曼:乔伊斯百年——侧面观与正面观

先默斯·迪安:乔伊斯与自由主义

威廉·燕卜荪:《优力息斯》的故事

---

① 此语出于爱尔兰名诗人叶芝的《一九一六年复活节》一诗,意为当时爱尔兰人民的抗英武装起义虽然失败,却使整个爱尔兰的精神为之一振,故曰:"一切变了,彻底变了,产生了可怕的美。"

安东尼·伯吉斯：且不谈另一层薄膜

休·凯纳：白地上的记号

旦尼斯·博特：深陷在公式与机构之中

华尔顿·利茨：《优力息斯》与读者

这当中有名教授，如写乔伊斯传的艾尔曼和美国研究现代派文学的主要人物休·凯纳；名作家伯吉斯；爱尔兰新起文学教授先默斯·迪安；名气更大的则是诗人、批评家、学者燕卜荪。他在三十年代就以《七类晦涩》一书使他的老师理查兹惊为奇才，而出版于五十年代的《复杂字的结构》一书则至今被新派理论家认为是他们学说的先驱①。

艾尔曼的演讲排在开幕式上，显然是会议主持者认为最有分量的。他回顾了乔伊斯的百年荣辱，虽然也谈到《优力息斯》的主人公和《芬尼根守灵夜》的语言试验，主要只是他那本有名传记中若干材料的重新组合，新见不多。凯纳则出语惊人，认为《芬尼根守灵夜》实是乔伊斯最初作品《姊妹们》的延续。他用俏皮的口气举了许多例子，最后连珠炮似的提了十几个问题作为结束。他的基调是嘲讽，少许典雅的引证遮掩不了他那

---

① 新派理论家乔治·斯泰纳认为，在"认识的模式、感性的风格和活跃的'阐释'趣味方面能同欧洲与美国的丰富著作相比的长篇英国著作只有威廉·燕卜荪的《复杂字的结构》，尽管它的英国气味是那样浓厚。至于燕卜荪早就注意马克思和弗洛伊特，这在他的'词的诗学'的演化中是一直隐含的"。（《伦敦泰晤士报文学副刊》，一九八一年二月六日）

自负的神情。

艾尔曼和凯纳都是美国学者（虽然前者现在牛津任教）。这一次会上，美国教授到得特别多，人数远超其他国家。他们带来了研究成果——据说，爱尔兰以外，研究乔伊斯的中心得数美国——但也带来了一些新奇议论。爱尔兰研究者对于他们的某些说法是不以为然的，在六月十五日的一次大讨论会上提出了异议，并要美国人回到"常识"上来。美国人对此也反唇相讥。在第二天另一次讨论会上，主持者美国某教授说："昨天我们被告诫要用'常识'。常识是什么呢？无非是认为地球是平的。"凯纳——皇皇巨著《庞特时代》的作者——曾在别的场合说过一句话："临到最后，《优力息斯》里没有勃鲁姆，没有勃鲁姆太太，什么也没有，只留下了语言。"他在都柏林的演讲之所以出之以嘲讽以至连续发问，表明主客之间的一番争论还是余波未息。

我去听讲是有倾向性的，首先要听我的老师燕卜荪的演讲。但是七十高龄的老先生已不是昆明当年气概；不久前他的喉部做过手术，连说话也困难，再加那演讲厅的扩音设备很不济事，因此他的演讲几乎无人能够听清。这是会议的损失。因为后来他把讲稿给我看，我发现他谈到了几个大问题。他驳了两个人，一个就是凯纳，另一个是叫波也尔的教士。他驳的是凯纳的形式主义和波也尔认为乔伊斯晚年倾向宗教的论调。燕卜荪认为乔伊斯是关心历史动向的进步作家，证据之一是他佩服易卜生，因此在勃鲁姆太太身上有易卜生式的新女性的成分，这同把她看成一个荡妇的观点是针锋相对的。有意思的是：以精细的语言分析出名的燕卜荪却是十分关心主题思想的。其实这也不是突如其来。他的第二本论文集《牧歌的几种形式》就包含了《论普罗文学》等文，而他在六十年代写的《密尔顿的上帝》正是以其毫不妥协的反教会倾向震动了学术界的。

演讲之外，还有五六十次讨论会，往往同一时间内有七八个会一齐举行，会上发言都是简短扼要，一般不超过十分钟。讨论会的题目很多，姑举数例：

一、乔伊斯，犹太教，天主教

二、主观的、客观的与历史的乔伊斯

三、乔伊斯的爱尔兰：事实与虚构

四、乔伊斯的荷马

五、乔伊斯从拉布雷学到的东西

六、乔伊斯与庞特

七、詹姆斯·乔伊斯——爱尔兰人的看法

八、乔伊斯在美国

九、乔伊斯与品钦：现代主义与后现代主义？

十、语言的限度

十一、活的书评：曼甘尼埃罗所著《乔伊斯的政治观》

十二、乔伊斯传单（broadsheet）

"语言的限度"是一个吸引人的题目,讨论会是在大演讲厅举行的。台上坐着五个人:除做主席的加拿大教授之外,发言的是两个文学理论家和两个作家。理论家一个是上面提到过的爱尔兰国立大学教授先默斯·迪安,另一个是近来常在各种文学期刊上写文的旦尼斯·堂纳休(Denis Donoghue),他也是教授,也是爱尔兰人,不过近年来在纽约大学执教。作家一个是汤玛斯·金塞拉,一个是先默斯·希尼,都是爱尔兰著名诗人。堂纳休提出过去美国新批评派主要人物肯尼思·勃克的"模式",即作家写文经历三个阶段:一、自我表现;二、传达;三、转入内心。他认为乔伊斯已进入第三阶段。先默斯·迪安认为还得把读者考虑在内,因此不得不涉及作者的用意和是否前后一致。堂纳休反对提"作者的用意",认为人们早已解决了这个问题——他指的显然是四十年代美国新批评派对于"用意谬说"的挞伐。迪安却微笑地指出:也许问题并未解决,最新的理论里不是仍然注意读者对作品的各种反应么?堂纳休说:无论如何,面对一部真正有新意的作品,读者总得下苦功,亦即要"付代价"。这时候两个诗人发言了,金塞拉尤其说得清楚,他指出艺术是一件"构造",作家与读者之间是可以相通的,无论中古文学或民间史诗都证明了这一点;如果说要"付代价",那只是处于作者与读者之间的文学理论家的事。

显然,作家们对新派理论并不心服,但是在大学校园内部,各种新理论却是颇有听众的。这一点在都柏林的会上也有反映。上列讨论会中的一次"传单"实是一次新理论的介绍会。发言者三人。一个是伯明翰大学的大卫·洛奇，他的题目是"乔伊斯与巴赫金"。巴赫金(Bakhtin)实是苏联学者米哈伊尔·伏罗新诺夫(Mikhail Volosinov)的别名，著有《拉布雷与他的世界》、《陀斯妥耶夫斯基诗学诸问题》、《马克思主义与语言的哲学》等书，他认为文学中有众多的声音，有独白式写法与复调式写法的分野等等。这个苏联学者的著作近来在西方颇受注意。我去迟了一点，不知道洛奇是怎样把他同乔伊斯联系起来的。

第二个是科林·麦开勃，讲的是"乔伊斯与班亚明"。班亚明(Walter Benjamin)，德国人，他的著名论著是《机械复制时期的艺术作品》，其主要论点是：在大量印刷、广播的工业时期，艺术作品失去了它们的"神采"。介绍这一理论的麦开勃也是有名人物，去年剑桥大学文学教师之间发生了传统派与新理论派的一场争论，就是围绕麦开勃的聘任问题而展开的，结果他因坚持新理论而遭剑桥当局解聘，现在改在苏格兰格拉斯哥的斯屈拉斯克莱特大学任教。我看他年约三十，精神抖擞，能言善辩，不像是传统派能够轻易击败的对手。

最后一个发言的又是先默斯·迪安，他讲的是"乔伊斯与卢卡契"。卢卡契反对西方现代派文学是人所共知的，然而人们重视他反对的理由。迪安指出卢卡契之所以不喜欢现代派，是因为他认为现代派在文学创作中采取主观态度，而后者又是十九世纪浪漫主义病态的延续。

我发现三个讲话的人都正在壮年,他们精力充沛,认真,说话条理分明——很可能是在与传统派的多次争论里锻炼出来的。他们比一般英国大学里的学者更注意欧洲大陆的学术动态,所介绍的三人一俄、一德、一匈,这样也就带来了新鲜空气和更广大的思想天地。所介绍的理论在时间上并不是最近的,却是多少经得住时流冲刷,证明是言之成理、确有见地的。卢卡契不是一个"时髦"人物,但由于有一系列重要著作证明他是一个博学的文学史家,又是一个有马克思主义素养的思想家,他的观点至今受到重视。

在六月十八日的一次讨论会上,一位爱尔兰学者作了以"中国的乔伊斯研究"为题的发言。这位学者叫旭恩·哥尔登,曾在天津外语学院任教。他首先引了我国一部西方现代派作品选中有关乔伊斯的编者前言。前言主要是客观介绍,但也略有评论,如说《芬尼根守灵夜》含有"错误的历史循环论"。

哥尔登读这段前言,是拿它作为中国研究者的代表性论点;不过他接着说:也许这还不是定论,因为中国研究者正在重新评价整个西方现代派文学,而就乔伊斯而言,他的若干作品正在被译成中文,有的已经发表,例如那本选集所包括的《优力息斯》的第三章。对于乔伊斯的研究也有开展,哥尔登自己就在天津指导过研究生写有关《都柏林人》的硕士论文,那个研究生把乔伊斯同鲁迅相比。哥尔登认为,由于他同天津有这段因缘，他本人对乔伊斯也增加了了解。这是因为天津外院的建筑(一所英国式老屋子)和地点(在过去的英租界内，那街道过去是以一个英国殖民者的名字命名的)使他注意到乔伊斯在某些小说里所写的都柏林街道，也是以英国在爱尔兰的显要人物(将军或大官，总之也是殖民者)的名字命名的。他认为乔伊斯不厌其烦地重复这些街道的名字是有一种用意的——至少，当哥尔登本人站在天津外院附近的街道上四顾的时候，他更深切地感到乔伊斯毕竟是在写英国人统治下的爱尔兰。

这就提出了一个反殖民主义的乔伊斯。这也是符合事实的。有一次讨论会专门讨论了乔伊斯的政治观。来自英、美、加、意等国的五个学者针对一本关于这个问题的新书围桌而谈，各抒所见，总的看法是一致的，即乔伊斯不十分关心政治，但是对于爱尔兰民族复兴是赞成的，他崇拜的政治人物是那个运动的领导人亚瑟·格里非斯。一个有趣的问题是：当列宁称为"很有才干……在非熟练工人中作出了奇迹"[①]的工人领袖吉姆·拉金在一九一三年领导都柏林运输工人大罢工时，乔伊斯对他有什么印象？ 在他的作品里有什么反映？ 我们只知道：《优力息斯》里的勃鲁姆，同他的创作者一样，是拥护格里非斯而不提拉金的。不久前发现了乔伊斯在一九一四年用意大利文

---

① 《都柏林的阶级斗争》(《列宁全集》，第 19 卷，北京一九五九年版，第 331 页)。

写的一封求职信，信中向一家意大利出版商说明他对于政治的看法是自由主义，对于国家机构和教会的压迫性质是同样戒惧的。讨论会进行到这里，从听众座上立起了一位戴着黑眼镜的盲人学者（后来我才知道他是意大利波隆亚大学的教授），大声说道：《芬尼根守灵夜》里的芬尼根是工人阶级，他没有死，而是醒来了！事有凑巧，据说在一九六八年反戴高乐的巴黎学生筑起的街垒后面，流行的读物正是《芬尼根守灵夜》！

想把乔伊斯拉向极左，正同想把他打成极右一样，都难从他的作品里寻到根据。以作品而论，我们只听见青年知识分子斯蒂芬在《斯蒂芬英雄》（即《一个青年艺术家的写照》的第一稿）里宣告："我是一个艺术家。"乔伊斯的回答恐怕也是这样：艺术家。而艺术家在乔伊斯当时的世界观里就必然也是一个为社会所不容的逐客。

经过这次盛会，在被人提了无数次名字，并且不断地窥探、查问、解剖、阐释之后，乔伊斯的地位有什么变动呢？作为现代派的主要代表作家，乔伊斯的地位是早已确定了的。倒不是因为他用了"意识流"技巧，"意识流"技巧不自他始，只不过他用得比别人更成功。在他的手上，"意识流"只是他用的若干技巧之一，而且他是用它来加深他的现实主义的。乔伊斯有现实主义？正是这样。他的现实主义首先见于《都柏林人》，那是莫泊桑和契诃夫都会满意的一个短篇小说集子，而且其中的《死者》一篇是法国、俄国的大师们也未曾尝试过的一类作品。

一个颇为得意的中年人在一场他扮演主角并作了主要祝酒词的宴会之后忽然感到空虚,连家庭生活也空虚,他的妻子是爱他的,然而那只是平淡的普通的爱,她的心却早已给了许多年前她在乡下认识的一个小伙子。这个十七岁的少年会唱古老的民歌,在听说她要离去的那天,他淋着雨呆呆地看着她的窗子不肯离开。小伙子已经死于肺病,但是丈夫可以看清:她还在想着那段过去,同他结婚完全不能填补那个空缺。幸福的是那死者!而丈夫回顾以往,只觉得自己虚荣、庸俗、无聊。妻子已经睡着了,丈夫躺在她身边一动不动,不再妒忌,而是充满了同情和怅惘,这时候他发现窗上有轻微响声,原来是在下雪了:

> 这雪落遍了中部平原的黑土,落到无树的荒丘上,轻轻落入艾伦沼泽,再往西,又落进黑森森的、汹涌的善农河里。它也落到山头上埋着迈可·富瑞那个小伙子的寂寞墓园的每个角落,堆积在弯曲的十字架上、墓石上、墓园小门铁栏尖上、小刺树上。他的灵魂逐渐昏沉起来,当他听着雪花无声地穿过宇宙,无声地寻找它们最后的归宿,落向所有的生者和死者。

这篇小说是用无数生活细节构成的,写得真实、具体,没有议论,也无情感的大波动,平平淡淡地叙述着,而到最后却因一首古老的民歌和妻子倾听它的姿势使丈夫对于自己的生活和为人来了一个透视,而那雪又是何等清凉何等诗意的一笔!

在《优力息斯》里,同样是现实主义构筑了小说的基石和骨架,同样有真实到自然主义程度的无数细节。这次讨论会上做了两件奇怪而有趣的事:一是在都柏林的克兰勃拉西尔上街五十二号的墙上钉了一块铜牌,由凯纳教授揭幕,牌上写着:

在乔伊斯的想象里,在一八六六年五月,

利奥波特·勃鲁姆——市民,丈夫,父亲,

游荡者,优力息斯的再生体——生于此屋。

铜牌一立,引起了当地居民的议论,他们指出:从来没有一家犹太人住过此屋,只有克兰勃拉西尔下街五十二号才有可能。不过会议的主持人却坚持说:这是学者们经过考据得出的结论,不会错的。这一点,颇有点像我国红学家考证荣宁两府究在何处的味道。不论怎样,乔伊斯在创造《优力息斯》里面的人物的时候,并非托诸空想,而是有现实生活里的"模特儿"的。由于他写得成功,人们又反过来把书中人物当作真人看待。

另一件事就是把六月十六日当作勃鲁姆日。《优力息斯》一书描写了一九〇四年六月十六日一天都柏林市民勃鲁姆和他的青年朋友斯蒂芬两人的生活与思想。所以在今年的纪念活动里,六月十六日是一个特别日子。那一天,爱尔兰广播电台全文广播《优力息斯》一书,长达三十小时,中间没有休息。那一天,除了各种讨论会照常进行,还有几个特别节目。中午十二点,都柏林市长把利菲河上的一座桥命名为"安娜·利菲亚桥"，这是因为乔伊斯在《芬尼根守灵夜》里把利菲河称为"安娜·利菲亚·普鲁拉贝尔"。下午一点，爱尔兰总统希勒里博士在圣·斯蒂芬公园替新树立的乔伊斯半身铜像行揭幕礼。这个铜像不大，也不是抽象派作品，人们只见一个戴眼镜的乔伊斯在沉思，他面前是一片草地，草地过去就是公园的铁栏，栏外对街就是都柏林大学学院的纽曼楼。这是一个幽静的地点，而且人们记得，乔伊斯在《一个青年艺术家的画像》里就借青年斯蒂芬的口，说道：

穿过斯蒂芬的，也就是我的，绿地……

现在这句话就刻在半身像下面，作为题词。

下午三点，人们聚集在街道上，看许多名演员扮演《优力息斯》中"游荡的岩石"一章中的情节。勃鲁姆、他的太太莫莉、斯蒂芬、斯蒂芬的朋友勃克·墨利根、莫莉的情夫波也伦等全部出现，在街上走着，谈着，或彼此躲避着（勃鲁姆就很怕同波也伦碰上）。他们走的路线完全同书上写的一样，所经的街道、公共建筑、商店、海滩、公园、空地等等多数还如乔伊斯当年所描绘的——原来他是十分讲究细节的真实的，写书时虽在外国，却多次写信请朋友们帮他核实所写是否正确。而超乎细节的真实之上，人们发现乔伊斯抓住了都柏林特有的气氛和都柏林人的性格。他并不放过他们的弱点——正是因为他如实地写都柏林的沉闷、守旧和爱尔兰人的爱空谈、吹牛、贪杯等等，他遭到一些人的非议。但是人们又发现：他虽然把大部分时间消磨在苏黎世和巴黎等地，他的书却是一本又一本地写爱尔兰的——这说明了他作为一个现实主义者的严谨，即不写不彻底了解的东西；同时，这也说明他的心始终是在爱尔兰。

他特别爱好利菲河：

riverrun past Eve and Adam's, from swerve of shore to bend of bay...

（河流流过夏娃亚当之家，从河的岸到海的湾……）

这就是《芬尼根守灵夜》里的第一句，在它的音韵里倾注着乔伊斯对于美丽的利菲河的怀恋。

这一种音韵上的试验又透露出乔伊斯的永不疲倦地探索的艺术家的心。他从不满足于已有的成绩，因此每一本新书都是一种新的试验：《都柏林人》之后他就在《一个青年艺术家的画像》里运用了意识流的手法；他要去掉传统小说技巧里的"他想道"、"她觉得"之类的插入语，而让思想、感觉直接出现，而且无间隔地从一个想法、一个感觉流入另一个想法、感觉，像人们脑中心中所实际经历的那样。而等到他来写《优力息斯》，他又在小说的结构上作了重大的创新，全部小说写两个人在都柏林一天的生活，而最后以一个女人的内心独白作结，四十几页无段落，无标点，只到最后才出现了一个句点。然而这创新里又含着一个古老的成分，即在小说结构上完全仿照古希腊荷马史诗《奥德赛》，史诗上有某一情节的一章，小说里也有相应的一章，亦步亦趋，只不过古今异势，史诗英雄优力息斯在海上飘泊的冒险换成了现代小市民、广告经纪人勃鲁姆穿越都柏林市回家的行程；优力息斯回到家园，发现妻子潘尼罗披用计挫败了要她改嫁的社会恶势力，仍在苦苦等着他，而勃鲁姆则明知妻子莫莉同另一个男人有不正当关系，却息事宁人，不敢过问。这当中有对照，有无言的评论。古代的英雄主义让位于现代社会的灰色的存在了。然而乔伊斯并不简单化。勃鲁姆不是一个丑角，而是一个有一定的正义感的好心人；他的感情、趣味有其精细、高尚的一面，因此当他看人们在一家餐馆饕餮大吃，其状有如食人兽的时候，他就觉得完全不能忍受，宁愿饿肚子也不在那里就餐了。莫莉也不是一个荡妇，她充满了同情心，爱好花草、色彩、一切流动的美丽的东西；她嫌她的情夫粗鲁、庸俗，到头来还是她那老实的丈夫是她身心所寄托的。而青年斯蒂芬——这个永恒的知识分子，永恒的艺术家和思想家——提供了现代社会里另一个典型，脆弱、敏感、落落寡欢，然而又真正地坚强，不是任何社会势力所能轻易地一笔勾销的。在斯蒂芬身上寄托着作家自己的感情、希望、信心，也倾注了他的悲哀和幻灭感，但是他没有美化他，而是把他写得复杂，充满了矛盾，因此也就更加真实。

乔伊斯的艺术成就是没有争论的。既然这样,人们也就进而要问:这样一个有抱负又有艺术的作家产生了什么影响? 讨论会上对此有两种意见。一种是说他的影响不大,英国名作家伯吉斯持此说。另一种说他的影响很大很深远,任何人在《优力息斯》之后写小说,就不得不思考是仍用传统技巧还是另用新法——这就是乔伊斯的影响所在。持后说的主要是艾尔曼。他并且指出:正是伯吉斯自己的每部长篇小说否定了他的论点,因为它们明显地表露了乔伊斯的影响。

然而这两方面的意见有一个共同点,即都是只从后来的作家着眼。对于后来的小说作者,乔伊斯的影响是确实的、巨大的。然而如果一个作家只是"作家的作家",那么他的成就还是很有局限的。真正伟大的作家首先是一个在长远时期中拥有众多读者的作家。当然,在现代西方社会里,有些作家目睹文化艺术为了迎合低级趣味而堕落,是宁愿受到冷遇的。乔伊斯曾告诉美国文人麦克斯·伊斯特曼:他写《芬尼根守灵夜》故意用了新技巧,为了要使"批评家们忙上三百年"。可怜的批评家们并不是毫无用处的:他们的阐释使得《优力息斯》在出版半世纪后已成了可懂的书,这样也就为乔伊斯赢得了更多的读者。现在人们的研究中心逐渐转到《芬尼根守灵夜》,它的情节轮廓也已大体弄清了。这也从另一角度提醒我们:不要因为一部作品一时不易理解就把它斥为"拒绝读者"。应该给作家或作品更多的时间的考验。然而一个作品如果从一开始就执意不要任何读者,那就否定了文艺创作本身存在的理由。即使作品是独白,也必然有作者本人在做听众;何况绝大多数的作品毕竟是作者和读者(不论怎样少,又不论作者对他们提出多少苛刻的要求)的对话。所以问题是:乔伊斯要不要读者?他力求自己的作品能够出版,表明他是意识到读者的存在的。上面提到《优力息斯》与《奥德赛》的关联是乔伊斯的匠心独运,然而普通读者未必能看出这点,乔伊斯乃特别用古希腊英雄的名字命名全书,这也表明他是在给读者一个信号,引导他们正确了解他的作品。他在后期作品里创造了大量新词,使得许多读者感到困难,然而这类困难主要是视觉的;当人们朗读的时候,它们就好懂得多。乔伊斯本人特别读了有关利菲河的一长段,录在唱片上,人们听了普遍感到容易理解。乔伊斯尝试过各种风格;《优力息斯》第十四章里有一个各体文字的风格展览,证明乔伊斯极擅文体模仿。但是后来——他的目疾日趋严重可能是原因之一——他更倾向于有声的语言,大量采纳爱尔兰口语,大量运用双声叠韵,这就把莎士比亚和狄更斯的口头语言艺术更加推进一步,透露出乔伊斯群众化的一面来了。

有群众化的一面不等于拥有群众;他没有获得大量读者,就是在爱尔兰也不是多数人知道他的名字。在这次百周年纪念活动里,一般人主要是感到好奇,而报纸上的纪念文章,不少是用开玩笑的口吻来写的,就连伦敦《泰晤士报》文学副刊也登着这类故意大用双声叠韵的《芬尼根守灵夜》式的仿作,像是乔伊斯留下的主要只是技巧与手法,像是他只是一个怪诞人物,值不得认真对待似的。

幸亏他还有别样的读者。也许,他的最热心的读者还不是后来的小说家,而是诗人。他的百年庆祝活动吸引了许多诗人从世界各处来到爱尔兰。这次都柏林盛会的真正高潮也是一次诗歌朗诵会。六月十八日晚上,即会议结束的前夜,在道森街的大厅里,灯光辉煌,讲台上坐了十位名作家,其中主要是诗人:燕卜荪、欧巴(Luciano Erba)、芒塔儿班(Manuel Vazquez Montalban)、安申斯勃格(Hans Magnus Enzensberger)、伐尔维第(Jose Maria Valverde)、沙巴蒂埃(Robert Sabatier)、英国盲诗人大卫·赖特(David Wright)、用盖尔语写作的苏格兰诗人绍莱·麦克林(Sorley Maclean)。这最后一个麦克林①也是我早想见面的人,不料却在都柏林碰上了他!此外还有两位:一位是阿根廷的博尔赫斯(Jorge Luis Borges),另一位是尼日利亚的阿契贝(Chinua Achebe),两人虽不以诗著,却都是有全世界声誉的大作家。

十个人全朗诵或讲了话(大卫·赖特由他的妻子代读)。燕卜荪读了他早年的诗,虽然仍旧不易听清,但是诗人兴会甚高。博尔赫斯脸容清瘦,双目全盲,虽然已经八十三岁,但由于他喜欢乔伊斯,不顾长途旅行之苦,来参加了这次盛会。他读

---

① 《世界文学》一九八二年第三期载有拙译绍莱·麦克林的诗六首。

诗时显得异样激动。安申斯勃格是德国诗人，这一晚却用流利、地道的英语读他的诗的英译本。伐尔维第是乔伊斯作品的西班牙文译者，读的则是他自己写的有关语言的诗。每一个朗诵者都获得了热烈的掌声，掌声最多的则是麦克林和沙巴蒂埃。麦克林是一个穿粗呢衣服并打粗呢领带的苏格兰人，年逾七十而仍然一头浓发，用洪亮的嗓音把盖尔语的开阔的元音和多用头韵等特点读出来了。他的诗是古老的自然景物、纯朴的感情和现代的敏觉的结合。沙巴蒂埃另有一种风格。这位法国诗人、教授、多卷本法国诗史的作者纯然是法国古典风，他穿着整齐，脸容严肃，虽然个子不高而中气甚足，用一种节奏感极强的铿锵声调读了几首格律谨严的法语诗，使人回想起从高乃依、拉辛、莫里哀起就有的法国剧院和学校的朗诵传统，在那英语充斥的都柏林会上为西欧文化之花的法兰西诗歌赢得了特殊的光荣。

我沿着格拉夫顿街慢慢走回旅馆，再度走上大桥望着蓝黑色的利菲河水，心里不能平静。我对庆祝会上的讲演和讨论是喜欢的，然而印象不深，只有这次诗歌朗诵会使我特别快乐，因为它使我更加深切地感到文学创作对于人类所作的巨大贡献。乔伊斯大半生贫病交加，作品不易出版，出版了也没有多少读者，然而他从不看轻自己的工作，而是不断地创新，不断地追求艺术的完美，而完美只是为了能使人们更敏锐、更深刻地认识自己和自己的周围，对于人生事物有更高尚的标准，使人的思想感觉不是停滞,而是流动向前,这样也就使人处于活跃状态,而活跃才能带来希望。认真的创新不是一个作家的炫奇,文学语言的刷新是异常艰苦的工作。一九七八年逝世的休·麦克迪尔米德——另一个诗人,另一个乔伊斯的知音——曾经在五十年代出了一本大诗集,题目就叫《悼念詹姆斯·乔伊斯》。他赞扬乔伊斯在刷新语言上的成就,认为这位爱尔兰作家寻到了

> 一种能尽各种功用的语言,
> 它有一种奇妙的透澈,又有火光样的品质,
> 流泻如清泉,飞腾如大鸟,
> 一片金黄如太阳照耀下的田园景色。
> 凡我们要表达的都表达得快速,明亮,准确,
> 像上帝那样有绝对把握。……

这样的语言是"可怕的美"的一部分,而这美不止使得都柏林不朽,还照亮了世界各地许多青年艺术家的心。

(一九八二年八月)

彭斯之乡沉思录

到苏格兰,第一件想做的事是去看彭斯的家乡。

一九八二年七月三日,英国文化委员会的两位女士把我用小汽车送到了欧文城,在那里她们把我"移交"给了两位苏格兰大汉,就这样开始了我在彭斯家乡的游程。

这两位大汉全身苏格兰打扮,穿了短短的呢上衣,方格呢裙,白色长统羊毛袜,腰上正面挂一个大皮包,里面放着小钱包,有一位还放了鼻烟袋,另一位则在羊毛袜内插了一把短刀。两位都是昂藏六尺的汉子,平时都有自己的工作,但在业余又是欧文城彭斯俱乐部的职员,所以今天尽义务,做了我的导游。

欧文城人少车少,很安静,但是它的彭斯俱乐部和附设的彭斯博物馆却显得很热闹,陈列柜和长桌闪着上等木器的深色光泽,上面摆满了纪念品、书籍和题词册,几位主人忙着向我介绍馆史、陈列品和礼物,其中有黄永玉画的彭斯像和黄苗子根据《我的心呀在高原》的诗意画的水墨画,都是前两年刚从北京远道送去的。但是各国的译本当中却没有中文的。于是我送上了我的两本小书：一本《彭斯诗选》，一本以彭斯诗为主的《英国诗文选译》。主人们曾在一本研究彭斯的英文目录书里看到过《彭斯诗选》的标题页的复制图，却未见任何英文说明，现在知道了我就是该书的译者，也很高兴。我却感到惭愧，因为译得太少了，也译得不够好。于是我告诉主人们，我国还有别的人译过彭斯，以后会出现内容更丰富的译本。我也说到了最近两年北京举行"彭斯之夜"的情况。

交谈一阵又喝了咖啡之后，主人们就驾车陪我上路了。

首先看的，是彭斯劳动的地方。一七八一年，廿二岁的彭斯离家到欧文城来学理麻。那理麻店早已在彭斯当年就失火烧毁，但是我看到了那时理麻的工具。这是一个大铁盘，上有一排钉耙似的铁刺，彭斯的工作就是拿一把乱麻在这排刺上来回移动，直到把杂质清除，剩下一束干净、整齐的亚麻。这是费力的工作，一天到晚不停地干着，就是棒小伙子也支持不了多久。我过去读到过彭斯理麻之事，然而印象不深，这一次看了实物，才体会到这一劳动的艰苦。

农业劳动的艰苦则是我们中国人清楚的。然而亲历其境也带来新的体会。我们的车经过了好几个彭斯帮他父亲或同他兄弟一起劳动过的农庄，这些农庄后来一个接一个都失败了，而劳动则是繁重的。每个农庄都是大片土地，表面上看起来绿油油的，然而容易积水，而苏格兰的雨天是很多的，再加当时工具落后,主要是八匹或十匹牛拉的笨重木犁,四五个汉子轮班,一天也只能翻土半英亩,而收入呢,当时农民一人一年如能拿到九英镑就算是不错了。彭斯的弟弟吉尔勃特曾经写道:"我们生活很简朴,好几年没有吃过肉,全家大小都在田里劳动,每人都尽全力,有时还超过体力所允许的。"彭斯自己在一封信里说得更具体:

> 我父亲租的地还有两年租期,为了度过这两年,我们竭力省吃简用,生活苦极了。我不过是一个孩子,但已成了耕田能手,我最大的弟弟也会驾犁,并能帮我打谷。这种劳动场面可能会有小说家见了喜欢,我可一点也不喜欢。那个凶恶的坏蛋账房经常写信骂我们,恐吓我们,每次他的信到,我们全家都哭。一想起这些,我至今怒火奔腾。这种生活凄凉得像做和尚,没完没了的劳动又像当摇船奴,我就是在这种情况下长到十六岁。(一七八七年八月二日致约翰·摩亚医生函)

这个十六岁的青年在田里干了一天苦活之后,又回到一个什么样的家屋?

我们很快在阿罗微看到了它。这也是游客们必到之处。阿罗微是一个小村子,几乎看不见普通人家,引人注意的就是"彭斯茅屋"和旁边的陈列馆。我们到时,已经有人在等候。陈列馆的负责人用一口有开豁的元音的苏格兰腔的英语向我们致词，表示欢迎。接着他把我们一行引进了彭斯家屋。

这屋子是彭斯的父亲在一七五七年亲手盖的，几经易主，总算作为文物保存了下来。外面是白墙，茅草顶，有三个门和几个小窗子，里面是硬石地，陈列的家具虽然多数不是屋子原有，但也是彭斯或其家人在别处曾用过的，例如诗人的书桌。这些我也来不及一一细看，但是室内的一个墙洞却使我止步了，原来墙洞里面整个儿是一张床。这床里面没有通气的地方，不透风，可能在冬天是温暖的，但在别的时候，其闷热可想而知，而这就是彭斯兄弟小时候几人合睡的地方！我对彭斯的生活的艰苦，又增加了一点印象。

这样的日子！无怪乎青年彭斯要抓住生活还能给他的点滴乐趣。他参加农村集市中的娱乐活动，他读了他能借到的所有的文学作品，他也开始恋爱。又是彭斯自己说得明白：

> 你知道我们乡下的习惯，在收获季节总让一男一女作伴去劳动。在我十五岁那年秋天，同我作伴的是一个只比我小一岁的迷人的姑娘。我很难用我的有限的英文描写她的美，但你知道我们有一句苏格兰成语，她真是一个 bonie, sweet, sonsie lass（漂亮的、甜蜜的、温存的姑娘）。总之，她本人可能完全出于无心，却使我初次尝到了某种美滋滋的感觉。这感觉，尽管随着而来会有痛心的失望，

或者过分的审慎和书呆子气的哲学考虑，我认为是人生第一乐趣，是我们在世上的最可贵的乐趣。(同上信)

然而这不是公子小姐的谈情说爱，彭斯的爱情是在劳动里产生的。彭斯特别记得，当他在劳动间隙中握着姑娘的手，替她把荨麻的刺拔掉的时候，由于碰到了她的皮肤，他的心里"猛烈地打起鼓来"。

让我们再听他说下去：

> 她有许多叫人爱的地方，其一就是她有会唱歌的甜嗓子。有一支歌她经常爱唱，我利用那个曲子，第一次试着写了有韵脚的歌词。

这首诗就是《漂亮的耐尔》，其起句是：

> 呵，我曾爱过一个美丽姑娘，
> 今天我依然爱她……

这样，他第一次恋爱，也第一次写诗。从此，爱情和诗歌变成他生活里的乐趣，"有时是仅有的乐趣"。

仅有的呵！可见当时的苏格兰乡下，大多数日子是如何索然寡欢，一个贫苦农民子弟的寂寞几乎是无法排遣的。

我看了阿罗微周围的环境。这里有许多遗迹是爱好彭斯诗的人会注意的，例如一座古教堂的废墟，那是《汤姆·奥桑特》一诗里的汤姆在骑驴回家的路上看见群魔乱舞的地方。在彭斯当时，它已是破屋，现在更是只剩几座石墙了。还有那座高踞山上的彭斯纪念亭，有一排柱子支持着它，附近的树木是很美的。但是最吸引我的却是那条大石桥和桥下的顿河。

石桥平平常常，是白石和灰砖砌成的，桥面也不宽，可容两车互过。它当然几经修理，但大体上仍是当年旧物。我走在桥上，想到了彭斯的诗行：

> 梅琪呀，梅琪，拼了性命也要快跑，
> 赶紧抢到那河上的大石桥！
> 只要冲到桥中间，你就可以不再怕，
> 妖精们遇河即止，见了流水只能发傻。

彭斯是在说一个与桥有关的民间故事。鬼不越水是民间传说，彭斯处之以幽默，然而也透露出乡下人对桥的感情。桥不仅便利运输，还能救人一命，那白石是安全可靠的象征。

等我凭桥看那顿河，我却吃了一惊。原来它不是那种愉快、明媚的绿色水流，而是一条汹涌的、颜色发棕、发黑、几乎是阴森森的急湍。水仍然是清澈的，正因为清，才把它那泥炭河底的深棕色也反映了上来。加上两岸树木丛生，一片幽暗，就更使得这河显得阴郁。

看着这流水,我忽然体会到,为什么在彭斯的几百首爱情诗里,总有那么一种十八世纪英国诗里罕见的近乎执着的热情。彭斯的情诗绝大多数是咏农村青年男女的。他们在干了一天农活之后,疲劳的身体固然需要休息,身体里的那颗心更需要安慰和温暖。他们都是健壮男女,能欢乐时就尽情欢乐,然而古老的乡村传统又使他们了解每人在男女交往中的责任,加尔文主义的教会更是用强迫青年情人们在忏悔凳上罚站示众之类的办法来维护风化。彭斯发现自己陷在一个狭小的、一切由地主和教士说了算的社会之中,要逃也逃不了,于是用讽刺和揭露来对付它,就连沉浸在爱情中也不忘要猛力反抗这令人气闷的周围世界:

> 如果一个他碰见一个她,
> 　　走过山间小道,
> 如果一个他吻了一个她,
> 　　别人哪用知道!

这些"别人"执意同穷人家的子女过不去,而对于真正玩弄女性的地主和地主少爷以及威利长老那样的教会栋梁们却完全迎合。彭斯不是游戏人间的浪荡子,他在恋爱中是认真的,如果做了错事,他也是尽力补偿的。因此,他的痛苦也出自灵魂:

>草何其绿，土何其冷，
>
>盖住了我的高原玛丽！

正因草绿，更嫌土冷，无情的山水依然，而美丽的姑娘已成骸骨！何等朴素的词句，说出了何等痛苦的心情！我看了那湍急的河流和幽暗的树林，对于诗人的深情和悲哀，似乎也有了新的了解。

为了排遣自己的愁绪，彭斯又广交朋友。一七八〇年，他二十一岁的时候，还组织了一个"单身汉俱乐部"。

这俱乐部在阿罗微附近的塔勃儿顿镇上，一座小小的两层楼房里。我被引进了楼上一间大房，中间有一张长桌，旁边摆着若干张椅子。这就是彭斯和他的青年朋友们聚会之处。他们这个俱乐部实际上是一个辩论会，其章程据说是由彭斯起草的，其中规定会员必须"坦白，诚实，开朗，不做任何下流卑鄙的事，并且必须与一个或一个以上的异性公开相爱"。他们每月开会一次，每次分成两方辩论一题，题目大体上可分两类：一类关于婚姻，例如：假设一青年农民有两个对象，一个有钱而无才貌，另一个有才貌而无钱，究以娶谁为好？另一类关于前途，例如：就出身下层社会的青年而言，是多受教育易于得福还是安于农村的浅陋无知更为快乐？

我看着这屋子里的陈设和纪念品，想象十八世纪下半叶苏格兰乡下青年的生活、忧虑和希望。他们组织俱乐部是为了"给被生活的辛苦弄得筋疲力尽的人们以一点消遣"(这是彭斯自己的话)。他们饮酒谈天,说笑话,也关心彼此的前途——上述第二个辩论题就涉及教育和个人前途的关系。住在乡下的贫家子弟是多么希望能有机会去大城市找一个容易升腾的职业呵!然而就以彭斯之才,纵然后来出了名去了爱丁堡,也只短期停留了一阵,不久仍然回到家乡;以他交游之广,也只谋到了一个税局职员的位置,而且仍然收入短缺,到死都还不清债——无怪乎他曾慨叹道:

> 一个富于天才而且确有贡献的人到处受冷遇,而一个无用的庸人却因为有钱来装扮自己,到处受欢迎。天下不平之事莫过于此了!一个能干人,有自尊心,敬仰一切真正值得敬仰的东西,同时又认识到人是生来平等的;他在一位贵人的筵席上遇见了某地主、某爵爷……他们的才干比不上一个蹩脚的小裁缝,情感浅薄得不值三分钱,然而他们受到注意和关照,而贫穷的天才则什么也得不着,他的心是如何的愤激呵!

这样的感想也会在这个俱乐部集会上发表出来,而且会得到同伴们的赞成。他们还会议论当地人物的短长,交换来自外地的消息。一七八〇年的世界已是颇不平静,美国在六年前独立了,九年后巴黎的巴士底监狱即将被群众攻破。这小小的俱乐部是无法不受外面世界的风雨侵袭的,何况彭斯又是一个深信"人是生来平等"的民主派。我看到会议桌旁立着一个大地球仪——彭斯和他的朋友们难道不曾把它慢慢转动,指点着美法等国,对海洋那边的事物产生遐想甚至希望么?

下一站是摩希林,另一个小镇,彭斯在诗里说它以"马会和市场"出名,可见那时是四乡来人云集的地方。现在则是静悄悄的。

这地方同彭斯大有关联。他和弟弟吉尔勃特在这里郊外经营过农场。他在这里同琴·阿瑟结婚,我的两位导游把他们住过的家屋指给我看。这里的教堂墓园埋着彭斯的四个孩子和他的若干熟人,包括那位惹得彭斯写出最锋利的讽刺诗的威廉·费修,即"威利长老"。长满了青苔的墓地,若干块竖立或横躺的碑石,却并不引起一个匆忙过客的沉思;存在了下来的毕竟只有彭斯的诗。

走出墓园,穿过街,就是"普西南锡"(Poosie Nansie)的酒馆。"普西"不是名字,这个苏格兰词的意思是"婆子",是对妇女的含有谑意的称呼。她的这家小酒店也不是上等人士的雅集,而是"最下层的旅人和香客的留连处"。进门就是一间不大的房间,地面好像比外面的街道略低,靠墙是一个壁炉,下面的铁钩上挂着一把大铁壶,旁边是铁筷子等笼火的工具,样子都显得古朴。壁炉前面摆着几把椅子,沿着墙壁还有一二排长背横椅,另一边靠墙放了一个大柜,上半部是一大木架,架上竖放了几排白底蓝花的大盘子。

这个小酒店今天还在卖酒。我就和两位苏格兰大汉在壁炉前坐了下来,用大杯饮着威士其烧酒。

这是我游程中又一个情感的高潮。小酒店里早已没有了南锡婆子,壁炉中也没有火,但是我的脑海里浮现了彭斯的诗行:

当黄叶落在地上,
或像蝙蝠般飘荡,
　遮住了北风猛吹的天空;
当冰雹像鞭子般抽打,
寒霜长起了利牙,
　冷气一阵阵刺得脸痛:
在这样一个夜晚,
　有一群天不怕地不怕的游荡人,
欢聚在南锡婆子的小酒馆,
　当了破衣服,大杯来痛饮,
欢欢喜喜,热热闹闹,
　大谈天下事,大唱流浪歌,
拍拍打打,蹦蹦跳跳,

险些儿震破了店主的大铁锅。

正是在这里,彭斯结交了一伙流浪者,叫他们在酒酣耳热之余唱民歌、谈经历,这样他就获得了素材,终于写出了《快活的乞丐》这篇杰作。

《快活的乞丐》的正式题名是《爱情与革命①——一首大合唱》。(这是作者的原题,最新的标准版也恢复了这一题名。)它汇集了若干首民间歌谣,中间穿插以各个流浪者的自白式的朗诵,其主调是对上层社会的讽刺和蔑视,最后涌起了这样的歌声:

> 君不见酒吐芬芳杯生烟,
> 君不见衣裳虽破乐无边,
> 你唱我和人人欢,
> 要把那快活的歌儿奏三遍!
>
> 名位何物,财宝何用?
> 沽名钓誉总成空!
> 只有欢乐才是生活,
> 且莫问身在何时,何国?

---

① 王佐良先生译《彭斯诗选》中作《爱情与自由》。——编者注

……

让我们祝贺背包、行囊和粮袋,

让我们祝贺游荡的人们,

让我们祝贺褴褛的汉子和女人,

让我们一齐高呼:阿门!

(合唱)滚开!靠法律保护的顺民!

自由才是光荣的盛宴,

法庭只为懦夫而设,

教堂只给牧师方便!

我过去也喜欢彭斯的抒情短诗,但对他的诗才之广并不清楚;直到一九五八年动手来译他,才惊讶地发现:他的一些篇幅较长的叙事诗竟是分外精彩!而此外,他还写了非常出色的讽刺诗和诗札。甚至他的应景之作也不同凡响。原来彭斯的天才是多方面的,而其最可贵的品质来自民间:人人熟悉的民间题材,古老而又新鲜的民间说法,经久耐唱的民间曲调,有活力的民间方言,这些经过彭斯的吸收和提高,形成了一种非任何文人所作能比的真诗歌!我坐在南锡婆子的小酒店里,环顾左右,似乎看见这边角落里有老行伍的红衣汉和他那张口等酒的女人在贴面细语,那边又靠墙坐着跛腿诗人和几个满面风尘的姑娘,仿佛这店堂里还在响着他们的歌声和戏谑……苏格兰民间文学是同苏格兰的威士其酒一样醉人的。

然而我还得上路,还得赴现实的约会。离开了摩希利,看了村子外边的彭斯纪念塔,我们就急驰起来,司机把车开得又快又稳,在彭斯之乡以每小时九十英里的速度横穿而过。两旁是略有坡度的绿色田野,空旷得令人赏心悦目。我的导游们指点景物,告我某处湖沼原来比现在大得多,在苏格兰工业化的过程里缩小了;某一条路在十八世纪是小道,彭斯经常步行或骑马经过;等等。我们也经过一些用长长的石墙围起的地方,墙内地方广大,树木森森。两位苏格兰朋友告诉我:它们是在海外做生意致富的苏格兰人晚年回到家乡所置的庄园,其中有好几个是在印度发了大财的。

在绿色的苏格兰碰上这些建立在东方人民血汗上的庄园有点出乎意外。然而这又是完全应该料到的。苏格兰的资本家是英国资产阶级的一部分,他们参与了英帝国对海外的掠夺。十八世纪下半叶,他们已经随着英国侵略军进入了印度次大陆。后来有的商人更从印度向东,硬要中国人接受在印度种植的鸦片烟,从而引起了鸦片战争。事实上,只消把在香港的英国老商行老公司的牌号浏览一下,就会发现许多苏格兰人名的。

问题只在:诗人彭斯注意到海外掠夺没有?如果注意到,

在他的诗里又有什么反映？

我拿这问题问两位朋友，他们异口同声地说：彭斯是知道某些庄园主的财富来源的。其中一位说得更明白：

"彭斯是了解剥削的。"

剥削（exploitation）这一词居然出现在这位平时是公职人员（警局探长）的苏格兰朋友之口，使我感到：我们毕竟是生活在马克思以后的时代里。马克思把资本家剥削的残酷事实清楚地摆在一切人之前，从此世界进入了一个无产阶级革命的新时代。彭斯家乡里的两位大汉未必读过政治经济学，他们的政治观点我不清楚，然而他们谈论着在彭斯当年已经出现了靠在海外剥削致富的苏格兰庄园主。彭斯当然更是生在《资本论》以前，未必用过或了解"剥削"这个词，但是他曾走过这些庄园，而且据说他也知道这些庄园主是怎样发财的。这样的事情曾引起他的激情么？这样的激情又曾使他写下了什么诗？

我暗暗下了决心，一定要买一本好的彭斯全集，在我回国之后，好好地重读一遍。

（一九八二年）

斯凯岛上的文采

绍莱·麦克林(Sorley Maclean)不是一个震响苏格兰的名字,他所住的斯凯岛(Isle of Skye)也不是苏格兰人常去的地方,而我这个远方来客居然飞到那个岛上,在一所乡村小屋里同他长谈了一夜。

这确实是难得的机缘。一年前,完全是由于北京的一位苏格兰朋友的一句话,我读了麦克林的诗的英译本。我正在寻找有关英国的地区文学的材料,逐渐有所发现,却从来没有想到在盖尔语里有这样一位重要诗人。盖尔语(Gaelic)是从前流行在爱尔兰和苏格兰的方言,现在说它的人已经不多,但是一个重要诗人是能振兴语言和文化的,何况这语言根子很深,一直可以远溯到公元前凯尔特文化之花盛开于西欧和英伦三岛的时期,而凯尔特的文学天才是至今还在闪耀的——它闪耀在爱尔兰的诗、戏剧和小说里,也闪耀在苏格兰用盖尔语写的作品里。

绍莱·麦克林的盖尔语本名是 Somhairle MacGill-Eain。他凭借了盖尔语文学的深远传统，运用了古老而仍有活力的民间语汇，带普遍性永恒性的形象，运用了盖尔语的开豁的元音和铿锵的韵律——而把这些结合在一起的则是一个现代欧洲诗人的智慧和想象力。于是我们看到了这样的诗：

> 在西班牙的危急时候，
> 我不曾死在十字架上，
> 又怎能期望命运，
> 给我新的奖赏？

> 我走上了卑鄙的小路，
> 狭窄，干燥，冷清，
> 又怎能面对爱情
> 雷电般的轰鸣？

这两节出现在一首题名《选择》的诗里。人永远在进行着选择：十字架还是屈辱的生存，小路还是大道，冷冷清清还是雷电轰鸣？这是一个常在的人的处境，许多作家用它作过主题，只是大部分人没有这样深切的自我责问，也未必能这样把个人的爱情同一场大的政治斗争联系起来，看出人如在正义事业中不够忠诚，那就是连爱情也变成苦涩而无意义的了。其实，他并没有任何不忠；只不过在西班牙内战中间，他因为家里分不开身没有能够去到马德里前线效力罢了。

因此，这是一个具有许多可喜的特点的现代诗人。我听说他虽已年老，还在创作，不过住在斯凯岛上，轻易不出门。我查看地图，才知道斯凯是苏格兰西北海外的一个岛，属于所谓赫布里底群岛。这是引起我遐思的地方。早年读华兹华斯的名诗《孤独的收割者》，就碰到这个名字：

> 这样的歌喉几曾听闻，
> 春天的杜鹃也没有这样动人，
> 她唱破了大海的沉寂，
> 歌声远传最西的赫布里底。

歌声传到的地方——从住在英国的人看来——是地的尽头了，再过去就是一片大洋。我想象那一定是荒凉、寂寞的所在，然而又可能是适合一个诗人深思、写作的地方。无论如何，从未到过苏格兰的我，对于那欧洲西北角上的高原和海岛是充满了浪漫情思的。

不料后来我竟能去到比苏格兰更辽远的爱尔兰，而且在都柏林碰上了绍莱·麦克林。

场合是乔伊斯百年纪念学术讨论会，为此各国学者、作家、游客、闲人、好奇者云集都柏林。时间是一九八二年六月，爱尔兰天气不冷不热，白昼偶尔下雨，晚上则直到十点还是天亮的。这类讨论会照例有讲演、小组讨论等等，有的人咬文嚼字，有的大发高论，颇见一番热闹，但是对我说来，会议的真正高潮是闭幕前夕的诗歌朗诵会。从世界各处来了许多著名诗人、作家：拉丁美洲的博尔赫斯、非洲的阿契贝、英国的燕卜荪、法国的沙巴蒂埃、德国的安申斯勃格、西班牙的蒙塔尔班……还有来自斯凯岛的绍莱·麦克林。他是中等个子，一头厚厚的白发，不戴眼镜——不是一般知识分子的样子，而是一个健壮的乡下老人。他用宏亮的嗓子读起了他自己的诗。盖尔语是黄钟大吕之音，节奏铿锵。根据他用英语作的解释，我知道他读的诗里包括那首《叶芝墓旁》，其末节是：

> 你得到了机会，威廉，
> 运用你的语言的机会，
> 因为勇士和美人
> 在你的身旁竖起了旗杆。
> 你总算歌颂了他们，
> 不过也作了一个借口，
> 这借口却不曾毁了你的诗，
> 反正每人都有自己的借口。

这是一首很值得玩味的诗。麦克林对于叶芝是既赞美又惋惜。他赞美叶芝参加了爱尔兰复兴运动，无愧于民族与时代的要求,然而他也惋惜叶芝没有能像他的朋友们(包括他所热恋的女友,著名的美人莫特·冈)那样投身武装斗争,而是以某种借口作了温和派。同时,麦克林又认为:尽管如此,叶芝的诗还是好诗,为人也无可厚非,因为找借口毕竟是人的通病,而叶芝对于爱尔兰的民族解放事业仍然始终忠诚。站在墓旁沉思的诗人对于埋在墓里的另一诗人是了解的,其最后的情绪仍是赞美和体谅。后来麦克林告诉我,有人认为他这首诗可以作为叶芝的盖棺论定,后人无须更动一词了。

拿这样的诗在都柏林庆祝爱尔兰文学的另一大手笔百年诞辰的盛会上朗诵,绍莱·麦克林表明了他对于现代爱尔兰文学的钦佩,也表明了他了解这文学的不足之处。

他的朗诵受到了欢迎,热烈的掌声久久不息。那一晚,十位诗人朗诵,各有特色。在我的印象里,最难忘的则是两个人:法国古典式的朗诵者沙巴蒂埃和盖尔语诗人麦克林。

第二天我去他的旅馆看他。他好像已经知道我不久前译过他的几首诗,所以彼此相见也就很快熟了。我告诉他登载我的译文的杂志叫《世界文学》,其前身《译文》是鲁迅在三十年代创办的,有着光荣的革命传统。他谈的主要是他在战争里的经历。原来他在第二次世界大战中曾在埃及前线抗击过隆美尔的德国非洲军团,而且挂彩三次,最后一次因踩了地雷而受了重伤,卧床好几个月,后来医生还说难保他的双腿是否能完全恢复功能。

"不过我恢复得不错,终于又站起来了,"他边说边走,让我看他的姿势,"两条腿全好了,不过有点平脚罢了。"

诚恳,热情,讲到要紧处声音突然提高,像是对世界有所抗议的样子,然而没有任何戏剧化的话语,也没有什么文学家的派头。朴素,朴素得像他的衣服:苏格兰粗呢上衣,颜色介乎黄绿之间;淡黄色灯芯绒裤子;领带也是毛织品,完全棕色,没有一点花。

在说话中间,有人打电话来,他起身接谈一会,回来对我说:"这是一个女人。我写情诗有两个对象,她是其中之一。没料到她也在都柏林,而且打听到了我住在这里。"

我喜欢这位刚强而又温柔的老诗人。由于我接着就要去英国,于是彼此相约在斯凯岛再见。

这就是为什么在六月底的一天,我坐在一架只载十几人的小飞机上从格拉斯哥向斯凯岛飞去的由来。

从飞机窗口看出去,只见下面群山起伏,毛茸茸的如绿色绒毯。别处把绿化当作紧要问题,在苏格兰西部则放眼都是树木和草场,绿色覆盖了所有的土地,幽静得很,同时也给人以一种原始的寂寞感。飞了一会,开始看见岛屿成串,海水盘旋其间,有如内河。再往西飞,才痛痛快快地看到了大片的海面。大概过了两大片海水,飞机就降落在斯凯岛的小小机场上了。

一下飞机,我就看到绍莱·麦克林站在跑道边上,旁立的妇女显然是他的老伴。果然,她是诗人的妻子莲内,看起来已过中年，却仍然显得健康，爽快，动作敏捷。我们几步路就走到了停车坪，当即由莲内驾车上路，先让我把岛上的风光看个饱。

机场附近是一个小镇，有几十户人家。岛上还另有两三个这样的小镇，它们的码头边停着五颜六色的渔船。但是稍一离岸，却是寂静的丘陵地带，只见绿草地翻滚着伸展开去，有时还看到褐色的泥炭地和开着小紫花的大片厚草。树则少见，家屋也只偶然在车窗外远远瞥见，大都是孤立的白色村舍。斯凯岛风景的特殊处在于海和山：海是几乎处处可见的，通常不是那种汹涌的怒海，而是平静的、明丽的内海；而作为对照的则是大小的石山，从一堆一堆的岩石直到高踞岛的西南部的库林山。绍莱几次在车上要把库林山指给我看，只是那一天它的顶峰始终藏在云雾里，看不清楚。绍莱以此为憾，但我想这也许正符合库林山的性格，因为它是那种突兀的、峻峭的、怪石狰狞的荒山，一点儿不故意讨人欢心，而是对人疏远的，甚至有敌意的，高耸的群峰投下了有威胁意味的黑影，像不吉利的命运。

然而绍莱·麦克林却非常爱库林山，他被它的原始性和不可捉摸的性格所吸引，它成为他诗作的一大灵感来源：

> 如果没有你，库林山会变成
> 严峻的青色堡垒，

> 狼牙般的城墙像一根带子
> 围住了我内心的全部激情。
>
> ——《青色堡垒》

这是拿库林山的严峻同爱情的温柔对比。但库林山也可以有另一种情感色彩:

> 你是库林山上的黎明,
> 克莱拉峰上的白天,
> 金色河流里懒洋洋的阳光,
> 地平线上的一朵白玫瑰。
>
> ——《黎明》

威胁与欢欣,阴郁与明丽,库林山的两面也是人生的两面,只不过在这岛上的大自然里,人们生活纯朴,感情也单纯而强烈。

没有繁文缛节,但有真诚的礼貌。我在汽车上坐在莲内身旁,不久就注意到她每逢对面有车开来,总是举起一手向来车致意,而来车的驾驶者也总是举手相答,没有一次不这样。我先以为这岛上既然只有八千居民,也许人人相识。莲内说并不如此,虽然许多人是她知道的,仍有一些是她不认识的,然而识与不识,凡两车过处都互相招手,这已是岛上多年风俗。这岛上道路很窄，但每隔一段路就有一处较宽，是为错车用的。我看到莲内往往一见远处来车，就赶先开进错车点停车等着，等来车过了再走。也有对方先在路旁等着，让我们的车先行的时候。这一切做得毫不勉强，像是人同人互相关怀照顾是天下最自然的事。纯朴的文明的岛上居民！我不禁想起《镜花缘》里的君子国来了。

就这样看看说说，半小时后到了一家乡村饭馆。已经过了开饭时间，然而店里的青年服务员仍是客客气气地请我们在一间有大玻璃窗面临大海的明亮房间里坐下，不一会拿来了鹿肉、马哈鱼糊和许多生菜，绍莱又去买了啤酒，于是三人吃了一顿适意的午饭。正吃着，外面下起了大雨，这样倒使我有时间看了这饭馆的其他部分：小小的酒吧间，另外两间餐室，一间休息室，地方不大而设备齐全，没有什么闪光发亮的现代装饰和霓虹灯，反而以它那自由自在的乡村风格和人情美吸引了远方来客。

雨停后我们继续上路。不久莲内就指着海湾对岸一所白屋子，说这就是他们的住宅。隔着不宽的水面，我可以看清那屋子的两个大烟囱；然而由于道路弯曲，车又走了半小时才到达。

这屋子后面靠山，前面朝海，邻舍不在呼应距离之内，静极了。屋子是旧结构加上了一排新厢房，里面经过整修，起居室临海一边全是玻璃窗，坐在里面就可以看海水和云彩的变化,而且斯凯岛同都柏林一样,夏季晚上要到十时以后天才慢慢黑下来。房里有一个壁炉,几把躺椅,另一边离窗不远放了一张古老式样的书桌,上面干干净净,只有一两本画册、字典,这便是诗人工作的所在了。

晚饭是莲内自己做的:牛肉加生菜,红酒,草莓作甜品,最后是饼干夹奶酪。麦克林的女儿和女婿也来了,两个漂亮而衣服随便的年轻人,女儿玛丽是画家,她的丈夫大卫是《泰晤士报教育副刊》(苏格兰版)的编辑,倒也一见如故,谈得欢畅,特别是大卫,对于伦敦的头面人物们颇有品评,苏格兰民族主义的情绪是浓厚的。

饭后,莲内和女儿女婿出门走人家去了,客厅里就只留下诗人同我。虽说正是盛夏,然而壁炉里还生着火,麦克林还特别拿来了泥炭放在炉膛里烧。这泥炭我曾在爱尔兰见过,是像原煤一样由远古的树木变成的,只不过没有受到地层的足够压力,因此不是坚硬如石而是松软如泥,烧起来微有香味,灰是白的,很干净,而且没有一氧化碳的毒气。只是经不住烧多久,过一阵就得添几块新炭。

我看着炉火,有时也看一下窗外还亮着的天空、绿地、蓝海,一边喝着苏格兰特产的威士其烧酒,就只想静静地半躺在软椅上,一直坐下去,而不想发问,也忘了最想问的问题。

幸亏诗人自己断断续续地说起话来。这一天他原来只谈家常,偶然也指点风景,现在才谈到了诗。他说他年轻时也用英文写现代派诗,很受艾略特和庞德的影响,特别是庞德,但是后来他摆脱了,自走一路,回到盖尔语民歌的深厚传统。

"我的根子毕竟是在苏格兰的这些岛屿上,"他解释说,"这里的石头和荒山教了我真正重要的东西。现在回头看庞德,我就觉得他太爱掉书袋,太做作了。"

"但是我也没有白读庞德和艾略特,"他接着说,"我用盖尔语写作,它有古老的传统,但我的情感是一个现代人的情感,我写的是二十世纪的爱情和政治斗争。"

是呵,他忘不了三十年代西班牙的那场斗争。人们说他是一个共产主义者。他也忘不了四十年代抗击德国法西斯的战争,而把北非沙漠里的血带进了爱情诗里:

形象

当我懂得了这可怕的事——
她的身体已经腐烂:
干枯,变质,残缺,
我画了一个我爱人的形象,
不是那种叫人舒服的形象,
会有诗人放在高楼的架上的,
而是会在沙漠里变大的形象,
在那里血即是水。

这里有他对于死亡的沉思。诗人们很少不沉思死亡的,但是将爱人的死同沙漠里战士的死联结起来却是麦克林的独特的一笔。我们甚至可以说,这里有十七世纪英国玄学派诗的影响——他们惯于"将几个极不相似的形象用蛮劲硬拉在一块"——然而玄学派诗没有这样真挚的沉痛,也没有这样的现实感,或这样的美学观。

诗题是"形象"。麦克林的形象通常是美的,很少诗人能把"美好的人脸"写得比他更动人,然而他又从不把她们写成飘飘欲仙,而是写她们是实实在在的人,有着美丽的但也会变老变干以至终于腐烂的肉身,因此不是那种会有脆弱的诗人供奉在象牙之塔里的"舒服的形象",而是残酷的人世现实的一部分,像沙漠里的死亡。同时,他的形象又是触及到人生根本处境的大的形象,如血,如水,极为普通,但又是永恒的,不朽的。

他无取于奇怪、险僻的比喻、典故,而写自然界和人世里常见的事物:石头,荒山,变化多端的海,大树,厚草,星辰,潮汐,风,张帆的船,还有就是他一再歌咏的姑娘的金发、红唇,总之是大而明亮的形象,而背景上总有那"像鹿一般奔驰着的"时间,而时间的最后一站则是多难的二十世纪。

麦克林的另一特点是他的韵律。他喜欢铿锵的声调和响亮的回声,他的韵律是丰富而多变的。他有一种独特的"谐鸣",这就进一步把他自己同多数英美现代诗人区分开来。他们是城市诗人,写的主要是资本主义城市中人的生活和烦恼,连韵律也是或者低沉或者像爵士乐那样在片刻的狂热之后继之以哀号。

"韵律成了一种分界线,"他接着说,"我想在这方面我是休·麦克迪尔米德的同道。"

听见麦克林提到麦克迪尔米德并不完全令人感到偶然。他们同是凯尔特人诗歌天才的体现者,只不过一个用盖尔语,一个用苏格兰方言;他们都怀抱人类进步的政治思想;他们的诗艺都以结合古老的传统与现代的敏感为特色。两人也见过面,而且通夜不眠地谈论过诗歌。麦克林曾在别的场合记述了这次会见的情景:

> 我可以想象自己写出在某种程度上类似艾略特、叶芝的诗,甚至类似麦克迪尔米德自己的《醉汉看蓟》的诗,但我写不出他那样的抒情诗。说实话,有一个时期我以为正是他的抒情诗堵住了我写诗的路。一九三五年之后又过了九年,我因受伤从北非撤回英国,碰见了克利斯多弗(按:即麦克迪尔米德),同他辩论了一夜又一早晨,题目是他的抒情诗。我记得当时我曾问他:他怎么可以企图写出比那些抒情诗更好的诗呢?他把他自己当作什么人了?他怎样看待他的天赋?最后,我把他辩倒了。[①]

---

① 转引自伦敦《泰晤士报文学副刊》一九八一年十二月十一日一期,第1451页。

这无非是说：麦克迪尔米德的抒情诗写得太好了，连他本人也不该妄想能写出更好的诗来。

说"妄想"还有一层意义。那晚麦克林告诉我：一九七八年麦克迪尔米德去世之后，他在《泰晤士报教育副刊》上写文悼念，曾经指出：麦克迪尔米德的诗有一种"高度的严肃性"。这是一种难得的品质，特别是在打油诗充斥的现代英国。

"但这话也含有我对他的批评，"麦克林接着说，"我以为他的抱负太大，要诗做一切事情，而诗做不到。"

我想起麦克迪尔米德晚年确实是要诗人承继全部人类文化的优秀遗产，适应"宏伟的时代需要宏伟的综合"的形势，写出新型的史诗来。"只有史诗——而不是任何次要的形式——才能与无产阶级社会相配，任何其他东西……只属于资产阶级'价值'范围。"①

这个要求太高了，尽管麦克迪尔米德作了巨大努力，写了《悼念乔伊斯》那样长达六千行的长诗，作为他拟写的史诗的一部分，但是不论是他还是任何别人都还不能使诗起到承继全部人类文化遗产，综合哲学、科学、文学等天下全部学问的作用。

"其实他应该对他已经做到了的感到骄傲，"麦克林说，"他做到了的已经使他成为当代欧洲最大的诗人。没有另一个人能

---

① 休·麦克迪尔米德：《我的交游》（一九六七），第七章。

写出《醉汉看蓟》那样的作品，更不必说那些神奇的抒情诗了。"

而那些神奇的抒情诗也终于没有能够堵住麦克林自己的诗路。他回到盖尔语，回到民间传统，从而写出了他自己的卓越的抒情诗。

我问他还喜欢什么别的作家。他提到了一些苏格兰作家的名字，第一个是早已去世的路易士·格拉西克·吉朋，即长篇小说三部曲《苏格兰人之书》的作者。他还提到了一些诗人。苏格兰以外呢？当代的英国诗人之中，他认为太特·休斯名过于实，倒是菲利浦·拉金有些好诗。

"当然，我忘不了叶芝，"他说，"我认为他有发展变化，而他运用语言的本领是难及的。"我们在前面已经说过，人们把麦克林写的《叶芝墓旁》一诗作为对叶芝的盖棺论定。

那么，作家以外，有什么他所钦佩的人？

他想了一想，回答说："格里厄孙。"

格里厄孙（H. J. C. Grierson）是早已去世的文学教授，研究英国文学的人是无不知道的。英国的文学研究界首先着重编订版本的能力，格里厄孙在本世纪初编的《邓恩诗集》在一个长远时期内被认为是权威版本。但他又不是一个"连咳嗽也咳出墨水"的学究，而是一个见微知著，能写出一整个时代的文学潮流的起伏消长之势的文学史家，著有《英国文学里的激流》等专著。正是他，在二十年代之初用《邓恩诗集》和《十七世纪玄学派诗选》使英美知识界重新认识邓恩及其诗派的特点,从而为艾略特等现代派诗人提供了一个模仿的范本。

"我在爱丁堡大学听过他的课,"麦克林回忆着说,"他的课讲得极为精彩。不止擅长讲十七世纪文学,十九世纪文学也讲得很出色,只是不喜欢十八世纪文学。对于艾略特等现代派他也不怎么希罕,虽然从某种意义上说,现代派这一套的正是他兴起来的。"

我记得多少年前曾听苏格兰朋友说过,格里厄孙常常将一些他认为不重要的书卖掉,换了钱去买威士忌酒喝,这些书里包括了艾略特签名送他的《荒原》初版本。

一个开风气之先的大师,但又能超然于时尚之上,所关心的是古往今来的一切优秀文学——这样的学者是令人怀念的。二三十年代颇有几个像格里厄孙这样的大学者。现在,一代巨人逝去了。但是他们的贡献是有人记得的。深知创作甘苦的诗人麦克林回想起学者格里厄孙,声音也提高了,眼睛里似乎也有一种特别的光采。我不说话,只是闻着泥炭的香气,看着火焰上腾,在这异常宁静的房间里感到异样的温暖。

一夜好睡,第二天早上我早早醒来,收拾了一下,把我全部的东西塞进了一个黑色的挂包,只是多了绍莱送我的几本诗集和一口袋杂志文章的复制品,都是对他的诗的评论。莲内给我们做了一顿好早餐,我吃完之后,十点钟就告别了莲内和玛丽，坐上大卫开的汽车，由绍莱陪着去到城里，然后到达飞机场。那是一个大晴天，昨天的雨和阴云都已消失，阳光照得一切明亮，我在途中想把岛上风光多看几眼，然而心情已经不同。人生总是这样来去匆匆，刚谈得投机就分手道别了。我走上几乎是全空的机舱，看着站在地上挥手的绍莱和大卫在变远、变小，一会儿连斯凯岛也抛在后面了，于是收纳起欢欣和惆怅，准备面对下一站的旅行和更多的离别。

（一九八二年）

爱丁堡和奥班的友人们

游过彭斯之乡以后，我的兴趣转到当代苏格兰文学，为此我去了苏格兰首府爱丁堡和一个西北部的港口，叫做奥班（Oban）。

爱丁堡是一个颇有气派的城市：雄伟，典雅，有山，有古堡，站在城中高处看得见大海。它出过许多思想家、历史家、作家、艺术家，被人称为"北方的雅典"。它的"新城"实际上也已有两百年的历史。城中有几个大方场，场中是树木和草地，四围则是高大、华美的"乔治式"楼房，地方显得明朗而宁静，没有现代都市的拥挤、紧迫的气氛。

一九八二年七月一日早晨，我在一个这样的方场的宽阔的人行道上走着，查看了一下门牌号码，在一家以石雕作框的大门前面停下，把门上那擦得闪亮的铜环扣了几下。

应声而出的是文学史家大维·岱切斯（David Daiches）教授，不高的个子，半白的头发，然而面容还显得年轻，表情是亲切、愉快的。

我们在楼下一间大房的壁炉前坐下,他的夫人端来了咖啡和点心。这是客厅兼书房吧?两整面墙都是书架,从地板到天花板全是书,一排又一排,各种颜色的书皮和烫金的书名给了这屋子以雅致的装饰。

我们谈的也是书。岱切斯教授是彭斯专家,我问他关于彭斯几首诗的版本真伪问题。这当中有一首题为《自由树》,其起句是:

你曾否听说法兰西有棵大树?
你知道它叫什么名字?

此诗颇富于民主思想,但是有人认为是伪作。一九六八年出版的牛津版三卷本彭斯诗集,就把这首诗列入"可疑类"。

他从身旁架上抽下了一本书,说:"这的确是一个问题。最近研究这个问题的人是这本书的作者,他用了整整一章来讨论它。他倾向于认为诗是彭斯所作,但是作为一个审慎的学者,他最后仍然说:还没有确实的根据可以引出这样的结论。"

另一方面,彭斯的一首较长的大合唱,通常题为《欢乐的乞丐》[①],诗人自己定的名则是《爱情与自由》,这就把主题点出来了,现在的标准版都恢复了原名。

---

① 王佐良先生译《彭斯诗选》中题为《快活的乞丐》。——编者注

版本学者是值得感谢的。他们的辛勤工作使我们能够辨别作品的真伪，看清作者所用的确切字句，这样我们的立论才能有可靠根据。我在近几年美、英等国的访问中，发现那里的学者们近来又编出了一些版本更胜以前的作家集子，除牛津版的大部头精装本系统(OET)外，还有朗曼、企鹅等出版社的几套平装本丛书，其中如马洛、密尔顿、彭斯、拜伦、丁尼生等人的诗集都受到学术界的称道。牛津大学出版社正在请专家重新考订莎士比亚各剧的版本，计划在斯丹莱·威尔斯(Stanley Wells)的主编下出版一套新的莎剧单行本，有几剧已经编好，正在印刷中。美国的大学出版社印行了莎士比亚十四行诗以及布莱克、济慈等人诗集的新版，也得到好评。岱切斯认为在这些地方，传统派学者仍然在继续作出贡献。

岱切斯本人既是传统派(爱丁堡硕士，牛津博士，牛津、剑桥两校的导师，美国几所大学的教授)，又可以说是一个新派(英国塞赛克斯大学文学系的创立者，写过有关文学理论的专著)，现在从塞赛克斯退休下来，担任爱丁堡大学高级研究所的所长。所以我又问他对于风行法、美诸国的新理论派的看法。他说他近年来兴趣转向苏格兰文化研究，对于新理论虽有所涉猎，但体会不深。

"说实话，"他笑着说，"有些我并不了解，而且我怀疑是否值得花很多时间去了解。法国的几位批评家有精辟的见解，但是搞了一大套新名词。不过，在我的《文学的几种批评途径》一书的新版里，我还是加了一章，是专讲新流派的。"

岱切斯又是一个关心当代文学的人。他告诉我，不久前他担任一个作品评奖委员会的主席，曾经一口气读了六十九部长篇小说，最后把首奖给了威廉·戈尔丁的新作。（戈尔丁在我国不是一个陌生名字，五十年代出版的他的力作《苍蝇之王》是不少人读过的。）他说英国文学中颇有一些出色的女作家，当前也是这样；其中缪里尔·斯巴克(Muriel Spark)和玛格丽特·特莱勃尔(Margaret Drabble，她是岱切斯在剑桥时教过的学生)是他认为成就较高的；至于艾莉斯·茂道克(Iris Mardock)他则认为这位多产的女作家的每一本小说都是在给读者出哲学难题。同样地，他认为男作家安东尼·伯吉斯(Anthony Burgess)的颇为流行的许多小说也是"聪明有余，而深度不足"。

我们就这样谈着，直到接待我的英国文化委员会苏格兰区的主任来邀我去爱丁堡大学教师俱乐部吃午饭。

饭后，我坐上了由一位女士驾驶的小汽车，向爱丁堡郊外开去。

此行是去看前几年逝世的诗人休·麦克迪尔米德的家，访问他的寡居的老伴伐尔达。

车行约两个小时，经过大片草地、石栏，经过空旷无人的丘陵地带，静极了。问了几次路，才寻到了一所孤立的矮小屋子，像是用木板钉成的，外面漆成白色，屋中只有三间小房，屋顶低低的，这便是那位苏格兰大诗人生前工作和生活的地方了。起居室墙上满是麦克迪尔米德的相片、画像，以及带点戏谑或挖苦的漫画像。

伐尔达·格里夫（Valda Grieve，诗人原姓格里夫）已经七十多岁，然而仍然健康，爽朗，说话也痛快。她听说中国也有人对她的丈夫的作品发生兴趣，并且译了他的作品，是高兴的。我告诉她，大约一九五六年左右，麦克迪尔米德曾同格兰姆·格林和女作家玛格丽特·莱恩一起受邀到中国来访问，我们曾请他到北京外语学院向师生演讲，当时他从刚出版的一本大书——他的长诗《悼念詹姆斯·乔伊斯》（一九五五）——中挑了几段朗诵。她说麦克迪尔米德回家后，对中国的印象很深，遗憾是她自己没有能陪着他去。在欧洲各国访问的时候，她却总是一起去的。说到这里，她站起找到一本相册，让我翻看。我看到有几张大相片，是麦克迪尔米德同艾士拉·庞德的合影，一九七一年在意大利照的。当时已不轻易见客的庞德戴着宽大的帽子，饱经风霜的脸对着挺立在旁的苏格兰诗人露出了愉快的表情。一年之后，庞德就去世了。

这两人的聚会是饶有意味的。一个是共产主义信仰者，一个曾因在第二次大战中为意大利法西斯党作过广播而受审，然而他们又都是诗友，都致力于写传达现代敏感的长诗。麦克迪尔米德在自传性的《我的交游》（一九六七）一书的第七章里，就替庞德的《诗章》辩护，认为那是现代史诗。

然而麦克迪尔米德本人的诗之所以吸引人，却是因为他受过现代主义的熏陶而又自走一路。他不仅喜欢庞德，也是艾略特的朋友；同他们一样，他也欣赏法国象征派和德国里尔克的诗；他比任何现代派都注重诗歌语言的革新，而且一贯如此，到老都试验不停。然而他没有跟着庞德走，而是回到了苏格兰民间文学传统。他的最好的诗如写于二十年代的抒情诗是纯然苏格兰风的——他的另一诗友绍莱·麦克林曾说任何人，包括麦克迪尔米德本人，如果企图写出比那些抒情诗更好的诗，那就是"妄想"。他的长诗《醉汉看蓟》也是苏格兰风的——题材就是苏格兰现状，语言也是苏格兰方言，写法则新颖而跌宕，而又不流于怪僻，体裁多变而又主题突出，至今好评不息，公认为是他的杰作。

是什么使麦克迪尔米德取得这样的成就？原因之一，在于他认识到：

> 一个苏格兰诗人必须负起
>
> 拯救人民于危亡的重任，
>
> 他宁死也要劈开活埋他们的土坟。
>
> ——《醉汉看蓟》

他是焦虑着民族存亡的诗人。他的美学观也不同于现代派：

> 对于一件艺术作品,
> 首要问题是它来自多深的生命源泉,
> 其次是它有多大的力量
> 向空中腾跃飞旋。
>
> ——《二颂列宁》

深厚的生活源泉加上不羁的想象力,这是他对好诗所下的定义。他的读者对象也不同于现代派:

> 有人在工厂里、田地上读我的诗么?
> 　或在城市大街的中心?
> 如果没有,那我就不曾尽到
> 　我该尽的本分。
> 如果我不能打动街上的老百姓,
> 　或者灶旁的家庭主妇,
> 那我纵有天下的一切聪明,
> 　也救不了这该死的失误!
>
> ——《二颂列宁》

在庞德等人只为少数高雅人士写作的时候,麦克迪尔米德则诉诸普通群众。他用作品证明了一点,即在二十世纪的西欧,吸收而又超越现代主义是完全可能的,而且正因为如此,他才写出了远比现代主义持久的卓越作品。其实,何止他一个!仅以凯尔特族诗人而论,前有叶芝,后有绍莱·麦克林,都吸取了现代主义的精华而又突破了它。

我看着麦克迪尔米德和庞德的合照,想到了诗歌潮流里的分合之势,想到了文学问题的复杂性——复杂,却又并非不可捉摸。经过大半个世纪的时流的激荡,毕竟已经冲走了一些浮面的东西,同时又留下了一些真正有价值的东西。

伐尔达又拿来两大卷的《休·麦克迪尔米德诗歌全集》,说它是诗人死前亲自校订的,比以前的几个合集都要齐全。它是伦敦马丁·勃莱恩与奥基非书局在一九七八年出版的,其中确有许多别处未见的诗。当我翻到《醉汉看蓟》的时候,她告诉我不久前这首长诗已经有了日文译本。

正说着,忽然记者来到。一共两位,一位访员,一位摄影记者,都是《格拉斯哥先驱报》派来的。这位访员也不平常,原来是那张报纸的主编。前一天他曾经派别的记者在我刚刚抵达旅馆的时候访问了我,也拍了照,但是显然那篇访问记写得不合他的心意,所以这一次亲自出马了。

女主人亲切地请他们进屋来坐,但是当她问清了那主编的名字的时候,却似乎记起了什么往事。

"从前有个与你同姓的人,也是你们报馆的,你认识他么?"她问。

主编说:"你是指我的叔叔吧?他已经去世了。"

她立刻说:"要是你写的是同他一路货色,那可只会是狗屁。"

主编很有涵养,笑了一笑,说:"我倒不知道我叔父写的究竟是什么,不过他是他,我是我。"

后来我才知道,这家在苏格兰销行很广的报纸曾经攻击过麦克迪尔米德,说他所用以写诗的特创的拉兰斯语是人为的、无生命的语言。

主编问我的题目之一,果然也是关于拉兰斯语。

"你在翻译麦克迪尔米德的诗的时候,怎样处理拉兰斯语?"

我说:我用的是中国白话。麦克迪尔米德之所以要用苏格兰东南低地区域的方言为基础而创立拉兰斯语,是因为他痛切地意识到:

诅咒我的两重生活,两种语言!
——好端端的苏格兰语全让英语蹂躏。
用英语的词来说苏格兰的事,
就像让吱吱的鸟来唱贝多芬的曲子。

——《长蛇盘绕》

为了打破苏格兰文学中的"英格兰优势",又为了要保持诗歌语言的新鲜、锐利,他必须有新的传达工具。而在我们中国,白话文运动也是文学语言的大革新,从一九一九年起到现在还不久，只须去掉一些芜词、套语，鲁迅等人用得锐利有力的白话还是不坏的诗歌语言。

这番对话在那位记者后来发表的长篇访问记里是这样报道的：

> 拉兰斯语是怎样翻译的？伐尔达·格里夫咆哮了，似乎在重舔她丈夫在那次长而又长的诗歌争论中遭受的创伤——当时，本报称拉兰斯语为"苏格兰的塑料语言"。
>
> "简单得很，"王教授说，"麦克迪尔米德用一些古朴的词儿，我也这样。我用的是白话。一九一九年以后，也就是鲁迅以后，对中国重要的就是白话。"

大致不差！也许主编未必真对文学有兴趣，他着眼的毕竟是新闻性和可读性，文章写得幽默，碰上机会也挖苦一下。当代英国新闻界里，颇流行这样一种风格。

告别了伐尔达之后，我回到爱丁堡的朋友当中。全是新交：苏格兰中国协会副会长、昔日西班牙前线国际纵队的战士汤姆·茂雷先生（在我执笔时，传来了这位对中国十分友好的老先生去世的噩耗），彭斯学会总会会长约翰·吉德先生，苏格兰中国协会的另一副会长约翰·罗根上校，生在中国、解放后又在上海外语学院任教的巴尔女士，北大派到爱丁堡大学进修并教中文的王逢鑫同志，等等。

此外有两位需要多说几句。一位是南·麦克林·密尔顿夫人，她是约翰·麦克林的女儿，也是"约翰·麦克林社"书记。约翰·麦克林(John Maclean, 1879—1923)是斗争在本世纪初直到二十年代的苏格兰工人领袖，曾多次领导罢工，两度入狱，仍全力支持十月革命，号召苏格兰人民采取"俄国的同志们所采取的非常的行动路线"。列宁任命他为苏联驻苏格兰格拉斯哥市的领事，同时他又被推举为第一次全俄苏维埃代表大会的六位名誉主席之一。轻易不称赞人的麦克迪尔米德曾经这样写诗颂他：

Krassivy

苏格兰没有几个人的名字

能叫有头脑的人感到值得一提。

彭斯之后，伟大的只有麦克林。

他在每个苏格兰人的心目中，现在以及

 将来，

就像列宁在每个俄国人的心目中一样。

如果你叫住一个在一九一七年还是小姑

 娘的俄国妇女，

向她提起斯大林，而你发现她的眼睛并

 不放光，

> 那么你可以问她是否见过列宁,
> 她的眼睛就会忽然发亮,她的回答
> 会是一个俄文字,它表示
> 又美又红,
> 她会说:列宁是 Krassivy, Krassivy。
> 约翰·麦克林也是 Krassivy, Krassivy,
> 没有另一个苏格兰人配用这个字。

这在麦克迪尔米德是最高的赞语了!诗写得明白如话,然而新颖,作者特意把一个俄文字插进英文诗,不是追求奇幻效果,而是为了点出苏格兰工人阶级同苏联人民之间的革命连系,为了突出麦克林是像列宁一样受人爱戴的群众领袖。这首诗我译过,但我完全没有料到我会在爱丁堡的短暂停留里,遇到这位"又美又红"的伟大斗士的后人。因此,当南·麦克林·密尔顿在一次欢迎我的晚会上把她自己写的她父亲的传记送给我的时候,我谅讶得一时说不出话来,当然又是非常高兴的。

另一位是约翰·麦格拉斯(John McGrath),一位中年的剧作家。我在北京的时候,见过他的剧本《恰维羊、赤鹿和黑黑的石油》(The Cheviot, the Stag, and the Black Black Oil,一九七四),知道他组织了一个"7∶84剧团"。好别致的名字!然而它意味着什么?他们自己标出这样一个口号式的解释:

全国百分之七的人口占有百分之八十四的财富①

而他们演剧,是为了要揭露并且结束这个剥削者横行的局面。他们的艺术也是群众性的艺术。通常他们没有钱去租城市的大戏院,于是上路下乡,在小镇和乡村的公共场所、废弃的仓库、工人俱乐部等处巡回演出,而演出的也不是通常的话剧而是话剧中夹杂着歌舞和乐器演奏。对此,他们有这样的说明:

> 7∶84剧团花了大力,要在苏格兰建立的戏剧是一种把工人阶级生活的实况直接介绍给工人阶级观众的戏剧,它不用那种从一八九〇年代起就统治了我们舞台的中产阶级"戏剧"的语言。它植根于群众的娱乐传统。它十分严肃地看待工人阶级的价值标准。
>
> ——一九八二年演出季度节目说明书

它是在一九七一年创立的,一九七三年分成英格兰与苏格兰两个班子,苏格兰分团上演的第一个节目就是麦格拉斯的上述剧本。这个剧回顾了苏格兰人民从十九世纪以来的苦难和斗争,先是由于地主和资本家要引进恰维羊而遭受大规模圈地和迫迁,后来由于贵族要追逐赤鹿打猎而又遭受迫迁,进入到本世纪六十年代,又由于北海发现石油而遭受以美国资本为主的跨国公司的剥削,

---

① 这个估计原是《经济学家》杂志在一九六六年一篇文章里提出的。

而伦敦和爱丁堡的政府则派警察、军队、兵舰来执行资产阶级政权的法律,甚至纵火烧死无力离开村屋的九十高龄的老母。在这过程里,穷苦人民也进行了抵抗,并在斯凯岛等处战斗里取得了胜利。在剧的最后,全体演员面对观众而宣告:

> 我们必须组织起来战斗,不是用石头,而是开展政治斗争,要取得城市工人阶级的帮助,要建立一个能为所有人的利益而发展石油的政府。

这个剧本发展了三十年代美国"活报剧"的战斗传统,但是加上了配乐和朗诵,又有希腊风的合唱队,演出的手法是新颖的。对于这样的一个剧本的作者,我是心向往之的。凑巧的是,我一到爱丁堡的旅馆,正和几个朋友吃晚饭,就接到麦格拉斯打来的电话,说是立刻来看我。由于当晚苏格兰中国协会要开会欢迎我,我赶紧吃完晚饭,在旅馆的厅堂里等着他。不一会,他来了,清秀的长脸,高高的个子,年约四十,穿一身蓝色工装,态度亲切而潇洒。他看见来参加欢迎会的人已在陆续进来,就同我短短交谈了一会,送给我两本关于7∶84剧团的说明书,最后说他不久将去伦敦,希望我们能在那里再度见面,说完就匆匆走了。接着我也卷入欢迎会的活动之中。但等会开完,我一人坐在旅馆房里的时候,我却感到怅惘:我失去了听麦格拉斯谈谈苏格兰群众性戏剧活动的机会!这正是我们这些远在千万里外仅凭书本进行研究的外国人最不了解的一个方面,而麦格拉斯又是一个怎样难得的说明者,有多少亲身体会可以吐露!但是我却错过了他。后来,我虽回到伦敦,然而大城市人流如海,哪能再寻到这位当代苏格兰群众戏剧的开路人!

约翰·麦克林的名字和7∶84剧团的活动都使人进一步体会到:现代苏格兰的优秀文学是同苏格兰人民的政治斗争结合的,其紧密程度超出一般。苏格兰人民遭受着两大压迫:民族压迫依然存在,虽然从一七〇七年起就被英格兰合并,但民族主义情绪至今强烈;阶级压迫,特别是十九世纪的大规模圈地与迫迁所造成的悲剧使得人民群众对地主和资产阶级产生刻骨仇恨。麦克林等马克思主义者在克莱德河岸上进行的宣传和组织工作,又使得那一带的工人(造船工人、运输工人、海员、矿工等等)成为全英最先进、最英勇的战斗者。他们的斗争启发了"苏格兰文艺复兴",而当时新文坛上主要人物——诗人麦克迪尔米德,小说家路易斯·格拉什克·吉朋(Lewis Grassic Gibbon),剧作家乔·考里(Joe Corrie),以及用盖尔语写作的一些作家——又用作品表达了工人群众的痛苦、希望和强烈的阶级意识。这些作家大多既是苏格兰民族主义者,又是共产主义者。在艺术上各有特色,其共同处则是他们大多回到本民族的民间传统,利用群众喜欢的形式,然而他们又是充分现代的——新颖、敏锐、抒情则清新如麦克迪尔米德,写小说则长句滔滔、韵律回荡如吉朋,而现在,又有麦格拉斯和他的剧团在把戏剧、朗诵、音乐、舞蹈合成一种群众性的新型艺术……

站在苏格兰的土地上,听着苏格兰的口音,一个旅客感到苏格兰文化的深厚和苏格兰文学的特色,感到这当中可以深挖的东西很多,而远在中国的我们则对它知道得太少了。

去奥班港是为了求知,也是为了叙旧。那里有苏格兰作家伊恩·克赖顿·司密斯(Iain Crichton Smith)在等着我。我是在两年前在澳大利亚阿得雷德参加艺术节时遇上他的。那时我对他的作品毫无所知,但他在一次讨论会上的发言吸引了我。那次讨论的主题是当代文学与民族特色,参加者来自世界各处,对于作家该用什么民族语言写作各有答案,而且多数与我预料相反,是为采用异族语言如英语而辩护,只有伊恩力排众议,认为作家到了文学的最高境界非用本族语写作不可,就拿熟悉英语几如母语一样的苏格兰作家来说,最细致的感情和最敏锐的词锋也只能通过苏格兰方言来传达。

其实伊恩·克赖顿·司密斯并不是一个理论家,而是诗人和小说家,既用英语写作,也用盖尔语。有时也把盖尔语的作品译成英语,例如绍莱·麦克林的抒情诗就是他译的。他对三种语言同样熟悉,然而他感到只有用盖尔语才能表达他最深挚、最隐秘的思想感情。他那次的发言实是经验之谈。

这一次既然能去苏格兰,我就对接待我的英国文化委员会提出:我想见见伊恩。他们安排了此事,告诉我他在奥班住家。

从格拉斯哥到奥班,我乘坐的是大型旅游车,途中花了三个多小时,然而并不感到时间太长,因为沿途有看不尽的美景。

出格拉斯哥市区,西行约半小时,就看到了罗门湖。这是苏格兰有名的大湖,历来吸引游客。汽车紧贴湖岸行驶,湖水几乎就在轮下。天气时晴时阴,湖水颜色也随着而变:晴时绿得明媚,阴时深沉宛如黑水洋。有无数小溪从高处冲过石头流入大湖,形成许多小瀑布。湖是长而又长,疾驶的汽车走了半小时还在湖边,中间曾遇大雨,雨一停就看见天边出现了一道弧形的彩虹。凡苏格兰诗人描写的湖区景色——水,阳光,绿树,瀑布,大雨,七彩的霓虹——我似乎都遇上了,只是除了车上的同游者之外,几乎看不见一个人,也未遇任何建筑。这是一个空荡荡的绿色宇宙,清幽,然而使人感到孤独,感到大自然喜怒难测,它同我们中国到处都有寺庙、农舍、小亭的景色——人好像总是近在咫尺——完全是另外一种情调。

快到奥班,又遇见一个大湖。而奥班本身也叫我感到意外。我满以为这个苏格兰西部的海港会是一个怒涛汹涌的所在,不料它竟是满地阳光,愉快,自由自在。这地方人口八千,街上不拥挤,但店铺热闹,码头上停着五颜六色的渔船和一条载运人和汽车去海上几处岛屿的大渡轮。它不是我想象的寂寞的远西前哨,而是像我在散步时对身旁的司密斯夫妇所说的那样:

"这气候,这明丽的假日风光,完全是地中海式的。"

"地中海,不错,"伊恩回答说,"我们凯尔特人原先就是住在地中海一带的。英国佬的祖先来自北欧，那里多的是阴郁的森林和长长的黑夜；而我们来自西欧文化的中心。"

说这话时，我到奥班已经大半天了。伊恩和他的夫人堂纳尔达——一位热情好客的学校保育员——请我在饭馆吃了午饭，又领我到他们住处喝了威士忌，谈了许多关于苏格兰当代作家、作品的情况，现在是三人一同站在码头上，听着海鸥的粗犷的叫声，指点着海那边的几个大岛，说笑着。伊恩夫妇同过往的船员和码头工人打着招呼，又带我去到一处小栈房，里面有新鲜的血虾等海味。带咸味的、活跃的、色彩鲜明的小小港口，充满了画意，而远处的青色岛屿又勾起人多少遐思和诗情！

这是一个适宜户外活动的好时候，但是伊恩告诉我，苏格兰的海也常有忧郁、咆哮的时候，海上也常发生沉船死人的事，那时候这小港就一片灰色，码头边站着母亲和妻子在焦虑着出海的亲人的安全。大自然的凶相是同它的笑脸并存于苏格兰文学中的。

人生的欢乐感使得一个民族的文学明朗、活泼，忧愁和悲剧感则使它深刻，而对将来的展望和理想又使它强劲有力。我在下午的阳光中踏上了回程的汽车，心头沉静下来，若有所悟。这劳累而又愉快的七月行脚将是难忘的，印象纷至沓来，而旅人自己也多少悟到了一点道理。

（一九八二年）

牛津、剑桥掠影记

——一九八二年七月之游

真正是掠影。牛津只停留了一上午,剑桥也不过一夜一天。

然而能去还是比不去好。至少,我重温了旧梦。

一九四九年八月,我离开牛津的时候,没有想到能重来。现在,虽然隔了三十三年,我毕竟又出现在茂登学院的门口。

这是我当年做研究生的所在,应该说是一个很熟悉的地方。然而我从"玫瑰巷"进去,居然把大门的朝向都弄反了。

一进门是传达室。仍然是师生们取信的地方,一格一格的信架还在那里。但是没有一个人认识我。后来才在门口看见了一位女工,她点点头,把我领到了总务长的房里。总务长是一位退役的中校,名叫亨特生。寒暄之后,他就陪我在学院里各处看了一下,首先走进我当年住过的宿舍。

房间的内部现代化了,有一个白瓷洗脸盆,冷热水俱全。(过去,我们用小盆,每天早晨由管房间的工人送来一瓷瓶热水,供刮胡子用。)但那面大窗子还在,窗外仍是那棵大梨树,树下是一片草地。记得我刚住进去的时候，诗人艾特蒙·勃伦登来看我，他指着那棵树说："春天这树开满白花，你会喜欢它的。"他原是这学院的教师，后来去了伦敦，这次偶然回来，听说我是燕卜荪的中国学生，因此主动来看我。我请他喝中国绿茶。这是我在学院宿舍里招待的第一个客人。

现在房里是另一代的学生了。我们向他道谢一声，就走了出来。

然后走进新近重修过的教堂。这是牛津城最老的教堂之一，十三世纪建的。外墙是淡黄色的石头，已经一块一块重新换过，几世纪风吹烟薰的黑迹没有了。里面因无人而显得宽大，橡木做的祭坛和桌椅之类发着典雅的光泽，但我更喜欢长窗上的彩色玻璃，它们拼出的图画是宗教故事，然而打动我的却是那在幽暗中忽见光线透过红蓝黄绿等色玻璃而来的绚烂景象。

然后进了图书馆。只有一位教师管着。我问他那些用铁链拴着的古书还在么？（中古时期的英国学生也有偷书的，所以图书馆里贵重书都用铁链拴住，可以拿下来放在前面的长条桌子上读，但拿不走。）在我当学生的时期，那样的"拴链的书"还颇有一些。现在，这位管理员说："还有，只是不多了，这里只留下一本做个纪念。"我记得三十年前的图书馆长是盖罗德先生（H. W. Garrod）。他是古典文学家，又是当时标准版的《济慈诗集》的编者，好像一直是单身，我常见他同学生在大树下下棋。

接着是"大厅"。所谓大厅，是饭厅兼课堂。凡牛津正式学生，都一定要在所属学院的大厅里吃上至少三个学期的饭。学校的饭天下一样，总是大锅菜，卫生而无味道。我们那时候，正值战后英国经济紧缩，新上任的工党政府厉行节约，主要食品也定量配给。我们学生去吃早饭时，每人手托一盘，上有一小块黄油，一周的配给在此，得很吝啬地、有计划地吃。鸡蛋也是每周配给一两个。但是好心的英国同学常常从乡下的家里或农场带来一些鸡蛋送给我吃。大厅里吃饭，有各种规矩，例如迟到或说了什么不雅的话要罚酒，总是先有人大喊：罚！罚！然后由受罚者出钱买啤酒，盛在一个很大的银杯里大家传着喝。院士们另在大厅上端一个桌子吃饭，桌子放在一个平台上，叫做"高桌"。他们吃的比学生好，菜是另做的，有多种酒助餐，吃完之后还要一边喝着葡萄酒，一边各逞才智地谈笑一番。

大厅四壁挂着历任院长和重要院士的油画像，师生们就是在这些历史人物的注视下吃饭。我注意到有了几张新的画像。我当年的院长是一位研究亚里士多德的哲学家，早已去世。新挂的像是他的继任者，已经有两三位了。

这样周游一过，总务长又陪我在校园里走走。茂登学院的校园不大，但历史久远，一边靠着古城墙，沿墙有一条路，叫做"死人之路"。这个名称的来源我已忘了，现在我贪看的是那茂密的草地、大树和花丛，想起了过去我在那里坐着看书的日子。

也就想到了我的导师F. P. 威尔逊先生。牛津各学院往往文法理等学科都设，但又各有所长。茂登学院所长在哲学和英国语言文学。牛津的教授为数甚少，但有两位英国语言文学教授就是属于茂登的，当时威尔逊就是其一。另一位是研究中古英语、后来以写多卷本古代传奇小说出了大名的托尔金。威尔逊教授在英国学术界以外几乎不为人知，但在英美文学研究界颇受尊崇。他是文学史家，当时牛津出版社正在出版的多卷本英国文学史的两个主编之一，又是版本学家，曾改编原由有名的版本学者麦开罗编的《戴克全集》。他写的《莎士比亚与新目录学》一书虽然篇幅不长，却引起研究界一致的好评，因为在这里他把一个复杂的学术问题交代得十分清楚，重要的事实叙述得十分翔实，而又叙中有评，重点突出，同时文章又写得典雅而有风趣，令人爱读。

然而他写的书不多，只有几本讲稿汇集，如《马洛与早期莎士比亚》、《十七世纪散文》、《伊利莎白朝与詹姆斯朝》，都是薄薄的小书。他筹划中的一本大书是上述牛津文学史中的十六七世纪戏剧卷，其中心人物就是莎士比亚，但是没有写完，他就去世了。

我遇见他的时候，他年约五十，衣着随便，走路微跛（第一次世界大战中受伤所致）。牛津的教学主要靠各学院自己进行，大学无"系"，但为了日渐增多的研究生的需要，有一个英文部，附设一个图书馆。威尔逊当时就主管这个英文部，研究生入学、听特设的专业课、参加"合格考试"（考五门专业课，笔试再加口试，考试及格才能写论文），以至最后交论文安排口试（即答辩），都要经他批准。

我写有关十七世纪剧作家韦勃斯透的论文就经过他的指点。他告诉我，要注意历代对这位剧作家的看法，但看法不一定只在评论文章里，还应注意他的剧本上演、改编、摘选等等的情况，因此他要我去查各种私人抄本、各代剧本目录、剧院广告等等。这类事看似琐碎、枯燥，但一个研究者必须收集一切有关材料，然后加以选择。当然，更重要的，是通过历代作家、文论家对韦勃斯透的反应，追溯出历代对于英国文艺复兴时代诗剧的爱憎、迎拒的弧线，从而看出历代的文学风尚，这样就又揭出文学史和文学批评史的一个侧面。另外，他说一个学者要写得确实，但又要有点文采，例如能叙述图书目录和剧院广告等十分枯燥的细节而做到眉目清楚，文字不枯燥才算本领。他自己的著作，特别是上面提到的《莎士比亚与新目录学》一书，就做到了这一点。

我还记得，我的论文口试刚完，就接到他的信，问我考试经过，并要我去他家吃饭。像许多老一代的英国学者一样，他写信给朋友不用打字机，而且书法雅致。我去过他家多次，同他的夫人和女儿（也是读英国文学的牛津学生）也都熟了。

现在他已过世，他的夫人和女儿又在哪里？……我站在曾同他一起散过步的茂登校园内，感到惆怅。

托尔金也不在了,盖罗德也不在了,当年的同学也星散了,这地方充满了记忆,却没有一个熟人。等到总务长邀我进入小餐厅,我遇到了新一代的院士们,包括院长、教务长、现任茂登英国文学教授,还有一位九十多岁的老人,有名的勃莱克威尔书店的老板,贝索尔·勃莱克威尔爵士,他倒是我在一九四八年见过的。他告诉我他早已不管书店的事,现在是茂登学院的荣誉院士。他仍然爱说爱笑。"我今年九十四岁,"他说,"而肖伯纳只活了九十[①],将来我在阴间看见他,还得向他道歉去迟了。"而当荣誉院士呢,"只意味着我一直到死,在这里吃饭不花钱,如此而已。"

这是一次午餐会。每人自己动手。我取了热火腿、色拉、饼干和奶酪、香蕉和葡萄,亨特生又给我端来一大杯冰啤酒。有人问我当年茂登情况,有人问到中国和北京,我除了回答,也问英国文学研究和出版情况,例如牛津版英国文学史是否已经出全。约翰·凯莱(John Carey,即现在茂登英国文学教授,常在伦敦《泰晤士报文学副刊》写评论文章)说:还未最后出全,但早出的几卷已在修订。我又问:是否现在不兴写大部头文学史了?(美国有人这样说。)凯莱说:不然。据他所知,剑桥大学正在计划编写另一套多卷本的英国文学史。

可惜这种吃饭场合,无法多谈,而我下午还得去剑桥,只

---

① 这是说笑话,肖伯纳实际上活了九十四岁。

得匆忙吃完,就向院士们道别了。

这一次走出学院大门,我放慢脚步,回头多看了几眼。

走上大街,我的情绪起了变化。这条曾被称为欧洲最高尚的街道的牛津大街仍是老样,连那些卖纪念品的商店也仍然像以前一样古色古香。恰好来了大批外国游客,在街上东张西望,犹如昔年暑假所见。这时候我就觉得牛津又属于我了。我决心要做一两件我过去爱做的事。去河边漫步已不可能,倘徉大草地也无时间,想进包德林图书馆看看那美丽的亨弗莱公爵阅览室怕已关门,于是走进大街中段的牛津出版社门市部——幸好它还在那里!——赶紧买了一本《弥尔顿诗集》。出来,过街,经过一条叫做透尔的小巷,抵达宽街,对面就是勃莱克威尔书店,我又进去,匆忙浏览一下,买了一本牛津新版的《彭斯诗集》。

接着,直奔汽车站,看见英国文化委员会牛津办事处的一位女士拿着票在等我,并且带来了我的行李,这才喘息稍定,向她道谢之后就上了车。

来也匆匆,去也匆匆!后来想想,也许这样倒好。如果多事盘桓,很可能记忆将多得无法承担,真要变成感伤的旅行了。

到了剑桥,第一件事是去看老同学。

因为伊恩·杰克(Ian Jack)在那里。伊恩同我一起在牛津茂登学院做研究生,不久他结了婚,我帮他找房子,同他的妻子琪恩也成了好朋友。琪恩也研究文学，后来成了笛福专家，但前几年同伊恩离婚了。伊恩现在是剑桥大学的英国文学教授。他一听说我来英国，就写信约我来剑桥。几天后，我到了苏格兰，刚进格拉斯哥的一家旅馆，放下行李，就接他的长途电话。三十年后第一次交谈，他还是那样热情而又幽默。

他住在剑桥郊外。我坐出租汽车到达时，已是黄昏，他与夫人伊利莎白在很大的花园里等我，旁边一个四五岁的男孩在玩耍。

我们两人对看了好久。三十年的逝水年华，两个大洲的距离，那心情，真如彭斯所咏：

我们曾赤脚蹚过河流，
　水声笑语里将时间忘。
如今大海的怒涛把我们隔开，
　逝去了往昔的时光！

忠实的老友，伸出你的手，
　让我们握手聚一堂。
再来痛饮一杯欢乐酒，
　为了往昔的时光！

一连串往事浮上心头：他在课堂上写小条子告我，勃莱克威尔书店来了一套路卡斯编的《韦勃斯透全集》，我一下课就赶紧跑去买下（他也对韦勃斯透有兴趣，曾写一文，题为《韦勃斯透是一个存在主义者么？》，发表在著名文学理论家 F. R. 利维斯主编的《细察》杂志上）；他第一次带着琪恩来看我，琪恩是一位漂亮的苏格兰姑娘，但与始终不改苏格兰口音的伊恩相反，说一口纯正的牛津英语；我们一起上牛津大街上某处一所古老而简朴的小饭店，三人站在木楼梯上耐心地等待桌子；我们参加学生社团"苏格拉底学会"，坐在地板上听牛津名学者C. S. 路易士雄辩滔滔地批判萨特的存在主义；我和伊恩骑自行车，随着一群同学周游处处都是玫瑰花的牛津乡下，每到一个小酒店就停下喝一大杯从木桶里汲出来的啤酒……

然而两个人都还没有衰老。伊恩的脸上多了皱纹，但头不秃，满满的一头白发，显得雄迈。他告我他仍然每天骑自行车去讲课。伊利莎白年轻，和气，看来很会持家，那天晚餐桌上的一大块羊肉就是她自己烤的。孩子呢，很健壮，吃完了甜菜（黑莓加奶油），自个儿玩去了。

饭后伊恩把我让进了他的书房，点起了一根小雪茄，我啜着咖啡和白兰地。只在这时候，我们才像过去那样谈了起来。

彼此的工作，出了什么书，到过什么国家讲学，剑桥文学教师中传统派与革新派之争，过去一些同学的近况，学术界出版界的动态……

但是我心中有一个问题，迟迟不好提出。伊恩也终于觉察到了。

"琪恩?"他问。

"对了,她怎么样?"

"她还在牛津,是圣·休学院的院士。你知道,我们离了婚以后,仍然是好朋友。"

那么,又何必离婚呢?见证过他们婚后快乐的我,对这事总感到遗憾。如果我知道琪恩还在牛津,那末今天上午我是会去看她的。现在我听了伊恩的话,只能默默地祝她幸福了。

第二天早上,阳光灿烂。我在所住的"大学纹章"旅馆吃了早饭,就慢步上街,照着一张小地图上的标记,去寻一些我想看的地方。过去我来过剑桥一次,住了两天,但是现在连路也不认识了。好在这大学城不大,比牛津还小,寻找那几所有名学院还是不难的。

通过一两条几乎无人的小巷,我就到了国王学院。这是剑桥有名的地方,游客总要来看这所学院的教堂的。教堂立在一片剪得平整的草地之后,建筑的样式庄重中带灵巧,通体白色,被那片草地的绿色衬托得特别鲜明。它旁边没有零乱的小屋,草地又很大,草地边上是康河,所以人人可见它的全貌,加上旁边学院本身的一长排建筑,屋顶上塔尖林立,整个布局真是美极了。而且这地方幽静中有生气,河边草坡上常有许多男女学生或坐或躺,河中则不时有人撑着小船而过。只不过我到的那天早上,大学已放假,所以更见幽静广阔,我一个人享有了这难得的清晨胜景。

教堂内部，也是令人留连。首先，全部是略带沙色的白石砌成，因此坚固而又干净。许多条哥特式的细长石柱组成了屋子的主要支撑，它们线条挺秀，像是直冲天庭，到了高高的顶上又交拱而成花格。同这种朴素美和高腾感相对照也相衬托的则是长窗上的彩色玻璃，其鲜丽，其绚烂，简直动人心魄。一九四八年我在欧洲看过更大更老的教堂，当时另有一种心情；这一次，也许因为教堂刚经整修，我似乎更能欣赏这类宗教建筑的美学效果。

就是在这个优美的环境里，我访问了弗兰克·寇莫特教授（Frank Kermode）。他是我来英前提出想见的学者之一。幸好他还没有休假，所以约好今天在此会面。

寇莫特是当今英国文学研究界的重要人物，著作甚多，我国学生熟悉的两大卷的《牛津英国文学选》就是由他和另一人主编的。他与一般文学教授有两点不同：一、他对流行法、德、美等国的新的文艺理论有兴趣，自己也做出了贡献；二、他除了研究英国文艺复兴时期文学，也注意现代主义及其以后的当代文学流派。

在前年剑桥大学解聘柯林·麦开勃的争论中，他站在麦开勃一边，因为剑桥之所以不喜欢麦开勃这位青年教师，正因为他讲授了新派文学理论。剑桥的传统派根深蒂固，争论虽引起报纸和外面世界的注意，仍然以新理论派的失败而告终。麦开勃去了苏格兰的一所大学，寇莫特自己虽然从伦敦转到剑桥不久，也不得不让出许多人认为是剑桥文学教师的第一职位——英王讲座。

我在国王学院一间书房里见到了他，一个温文尔雅、中等身材、脸容略现瘦削的中年人。他首先向我道歉，说英国文化委员会通知他太晚，他只能挤出现在这个时间。我告诉他我并无特别事情找他，不过由于看过他的几本书，既有访英机会就想来看看他。他说我们也算有点因缘，原来我的导师威尔逊教授曾经担任寇莫特在利物浦大学做的博士论文的口试人。

"当时，他对我还不错，"寇莫特说，"不过他说我的文章缺乏文采。"

"对，老先生很注重这一点。他希望人人都写得像他那本《莎士比亚与新目录学》。"

这样就谈了开去。他问我都柏林开乔伊斯讨论会的情况，听说燕卜荪也出席了，又问起老先生的近况。我问他最近在研究什么，也问了他对当前英国文坛的看法。他认为有几个小说家不错，其中有写《白色旅馆》的英格兰作家 D. M. 多玛斯和写《午夜的儿童》的印度裔作家勒熙地（这两本书当时正在盛销，我在伦敦听到过许多别人称赞它们）。

他也问到北京学校的情况。所提问题之一，是乔治·奥威尔在中国有无人读？我说：有的，例如他那篇《政治与英语》还曾列入大学教材。奥威尔的散文写得好，而我们中国人是喜欢好散文的。

他忽然说:"我刚才接到英国文化委员会的一封信,就在你来之前几分钟。他们问我愿不愿意考虑去中国讲学?"

我说:"你如能去,那就太好了。你会发现北京有不少学者愿意同你讨论问题的。他们也同你一样喜欢读书、研究、教书、写书,一直到编英国文学选本。"

"选本?哦,我们那牛津文选正在修订,准备出第二版。"

"当然,我们的选本规模小些,重点也不同,例如我们会包括威廉·莫里斯的《乌有乡消息》。"

"完全应该。是一本好书。记不得为什么我们没有选它。"

"那么,去吧?"

他有点踌躇。"今年秋天我去美国哥仑比亚大学,明年也早有约定了。也许一九八四年会有时间。"

最后,他说:"当然,我是想去的。北京总是有吸引力的。"

来找他的研究生已在敲门。我站了起来,同他握手告别,几乎想加上一句:你当然清楚,北京不只是一个城市,它是一种文化,正同牛津、剑桥是一种文化一样。

(一九八二年)

文学的伦敦,生活的伦敦

曾经有多少英国作家写过伦敦?或者不如问:一部英国文学史上,有哪几个重要作家不曾写过伦敦?我走在伦敦的街上,似乎听到过去英国文学作品中某些词句、某些段落的回响。似乎莎士比亚、琼森、狄福、约翰荪、盖依、狄更斯、济慈都在说话,还有小品文大家兰姆,还有二十世纪写意识流小说的维吉尼亚·沃尔夫,等等。兰姆写过一封致友人书,说他如何常在晚上站在泰晤士河边大马路上看街灯下的过往行人,以此为乐,并且下了一个结论:"谁要是厌倦了伦敦,谁就是厌倦了生活。"

不止是英国作家在说话,还有许多外国作家。我想起朱自清先生,他的《欧游杂记》里就有用纯净的散文写的关于英国博物馆、国家美术馆等处的篇章。

然而一个城市,如果仅仅靠过去的记忆而存在,那又有什么意思呢?我跟着朋友去参观狄更斯住过两年多(一八三七~一八三九)的家宅,在陶提街四十八号,一所三层楼的平常屋子，里面到处都是纪念品，连楼梯边的墙上也挂满了画和照片，屋子小而东西多，令人感到气闷，我只匆匆走了一个过场，赶紧出门透气。相片里的狄更斯神情肃穆，似乎并不快乐。楼梯边有一张他晚年的伴侣艾伦·特能的小相片，一个年青的演员成了一个老作家的秘密情妇，她的神情似乎也不快乐。狄更斯笔下的伦敦城是有特殊的魅力的，然而天地不广，屋子连着屋子，尽是人和物件，他自己也曾说过，这城市"只是一个大垃圾堆"，无怪乎他一有机会，总要让他的主人公骑马或乘车跑出城去，在那乡间大道上放开奔驰。只在那种时候，我们读者才跟着他自由自在地呼吸清新的空气！他的神来之笔，往往是在那些段落里。

济慈的故居则给我完全不同的感觉。一座白色的两层楼房，房间大而明亮，家具不多，起居室有落地长窗，看得见外面的草地和鲜花，靠窗摆了一把椅子，这就是诗人常常独坐思索的地方。楼上卧室里有一张挂着帐子的单人床，床单和枕头布洁白如雪。一八二〇年二月三日晚上，济慈从伦敦城里回来，途中受了凉，到家赶紧上床，轻轻咳了一声，就在这洁白的床单上咳出了一滴鲜血。我看了床旁的文字说明，几乎不敢逼视那床单了。多么残酷的命运！那样早就从年轻诗人的心房里逼出了血，拿它染上了他那洁白的想象世界！

我不是第一次来此。三十多年前，我也是跟着一些同学来过这里。那时候,我已是济慈的诗的爱好者——哪个读英国文学的年轻人能不爱济慈呢?——但是我对他了解得很不够,注意力放在他同范尼·勃朗的爱情关系上,看过了这屋子里所陈列的她的小画像,也就像普通游客似的走开了。三十年后重来,我仍然未必真正了解济慈,但是我读他的诗和日记的时候多了,我自己经历的事情也多了,这才体会到济慈的锐气和深度。一个无名的青年作家,在种种不如意的情况下,向英国诗的新天地猛进。一八一九年他二十三岁,一年之内写出了他全部最好的作品,包括那六首不朽的"颂歌",而不以此为足,还要更拔一个高峰,写出了莎士比亚式的诗剧片断:直到肺病夺去了他的生命。他写的是当时最尖端的作品:美到了尖端,崇拜古希腊到了尖端,对人世灾难的感受也到了尖端。《夜莺颂》写得何等的美,然而诗人也在这里,写出了当时英国人民的身体和精神上的苦难:

> 这里众人呆坐,听彼此呻吟,
>
> 老人仅有几丝白发,瑟瑟抖动,
>
> 青年骨瘦如鬼,苍白而死;
>
> 只要想一想就充满哀伤,
>
> 更有绝望铅一般沉重;
>
> 明眸的美人难保一夜的丰姿,
>
> 到明天只等得新欢来悼亡!

这首诗就是在这所屋子外面的花园里写的，时间是一八一九年五月。

我同陪我来的裘克安兄在这园子边上一条长凳上坐了好久。那草地修剪得整齐，在阳光下一片碧绿，四边有几处花池，也是一片鲜艳，另外有两棵大树，给这园子带来了野趣，其中一棵桑树已有两百多年的历史。这园子离汉姆斯退特荒地很近，那是一片草木丛生的高地，济慈当年就是常到那里去听夜莺的歌声的。

我没有时间去汉姆斯退特荒地；不得已而求其次，只得尽量在伦敦西区公园里的草地上散步。从我旅馆所在的"王后门"街，几分钟就走到了堪星顿花园，那里就有大草地，与之相连的是海德公园，有更多更大的草地。英国式公园的特点就是有空旷的草地，不像法国式公园那样修饰得整整齐齐，拼成了大小若干块几何图案，而是不甚规则，大片草地往往连续几里，偶然有孤立的大树，有些地方还有圆池或长河，但没有多少人工点缀，而草地本身却十分引人，一来是草的质地高，厚而密，是多少年来培植、经营的结果；二来它不是只为观赏，而是可以在上面散步，也可以坐着躺着，甚至打滚玩耍，一概无人干涉。这些草地不仅给伦敦城带来了野趣，而且使得伦敦人有一个地方可以闻闻青草和土壤气味，回到大自然的怀抱中去。

我于是注意伦敦人的神态举止。像学生时代一样，我一到西欧名城，总是手执地图，按图寻求有名的街道、桥梁、建筑，能步行处总是步行前往。走累了我就进一家咖啡店或快餐馆临窗坐下，看过往行人。伦敦各区不同，但都有值得停留之处。虽然有了些高层建筑，但中心区大体仍是原状，只不过我感到屈拉福尔加广场等处比我记忆中的要小多了。我到的那几天，正值公共汽车和地下铁道罢工，所以街上也有不少自行车，骑车的多半是年轻的家庭妇女，我站在街口看她们从我身边快踏而过，骑车熟练和灵活的程度不减北京的女同志们，阳光照耀在她们的脸上，脸色是愉快的。另外，我注意到街上亚洲人、西印度群岛来的人和阿拉伯人都明显增加。他们也都或庄严或活泼，在这西方大城里各操其业。

一百多年以来，伦敦就已是一个国际都市。我看到许多保养得很好的旧房子，如阿尔伯特大会堂、有名的高级百货商店哈罗兹，都有一种印度式的建筑风格，显示维多利亚女皇当年君临四海的神气。如今情况变了，伦敦城里树起了一些跨国公司的现代派高楼。在文化上，一位兼通科学与文艺的名人C.P.斯诺曾说：英国现在只以三种东西见长：一是自然科学研究，仍有英国科学家不断获得诺贝尔奖；二是安排大的典礼的能力，如国王加冕礼之类能组织得井井有条，而且形式美观；三是英国演剧仍然十分出色，仍然是吸引世界各处游客的大项目。

我也是关心英国戏剧的。所以当招待我的朋友们问我在伦敦特别想看什么的时候,我的回答是:看戏,附带也看新的戏院。由于我的时间很紧,结果只能安排两次这类活动。一次是去参观了新近开幕的巴比肯中心。这里不仅有戏院、电影院,还有陈列室、图书馆、会议厅,以及供来开会的人住的两座大楼,一曰克伦威尔高塔,一曰莎士比亚高塔。在城区中间一小块地皮上,要安排这么一大片的房屋,可真费了英国建筑师的心血!我和裘克安兄去时无戏可看,只在里面走了一下,看见有一个印度歌舞团就在一处过道里排练,另一处过道的墙上展出了一个摄影家的若干幅作品。我们略事浏览,就到附设的餐厅吃午饭。近年新盖的外国大戏院总有两种方便观众的设施,即一个广大的露天咖啡座,和一个很像样但又价目公道的饭馆,而且两者都有很长的营业时间,没有服务员盯着让你吃完快走。

另一次是去国家剧院。七月八日下午六点,我刚从剑桥坐长途公共汽车回到伦敦旅馆,就接到英国文化委员会接待我的W女士的电话,说是晚上请我去国家剧院看戏,于是匆忙洗澡换了衣服就往外走。我从未去过七十年代才建立的国家剧院,时间又紧迫,好容易在泰晤士河南岸找到了,又是一大片现代建筑,其中有大小剧场三个,还有书店、饭馆等附属设施。走了很久,好像一直在沿螺旋形的过道上升,最后才到达了那个中等大小(八百九十个座位)的利特尔顿剧场。W女士在门口拿着票等我,两人赶紧入座,总算没有迟到,不一会就开幕了。

演的是一个喜剧，原名《恣意行乐》，作者是十九世纪奥国演员兼剧作家约翰·耐斯特洛，现在经过英国剧作家汤姆·斯托柏特改编，剧名也变成《大玩一气》（Tom Stoppard: On the Razzle）。斯托柏特是当代英国著名剧作家，在改编过程中对原剧作了很大变动，加重了性爱成分，对话中关于性的暗示和双关语大量出现。这种做法是目前西方常见的。就连莎士比亚的剧本也常有如此改编的。我看过邦特改编的《李尔王》，他把一个本来已经有不少残酷场面的剧本渲染得更是血淋淋的，另外就是突出性的勾引。同这类根本性的改编相比，斯托柏特的变动还是属于技术性的，还没有改掉原剧的十九世纪维也纳情调，人们看到的仍是一位店老板当了市长之后向一位有钱寡妇求婚的中心情节，而其中最活跃的角色仍是一个叫做克里斯多弗的小学徒，并且按照传统他仍是由一位主要女演员穿了男装来演的。

舞台上的布景仍是现实主义的，服装也有当年中欧色彩，演技也符合英国传统，适度而不过火。剧的灵魂则在对话，改编者之功在此，演员之长也在此，真是爽脆灵活，速度极快，但仍字字清楚，说者似不费力，听者也不紧张。话剧毕竟主要是说话的艺术，喜剧更要求充分发挥口语的机智、活泼，这一点，那晚的演出是做到了。

看完戏，W陪我慢慢走下那盘旋的过道，一边说着话，不知不觉就到了华特卢桥头。此处泰晤士河面特宽。桥上灯火辉煌，而对岸的许多大建筑都有泛光灯照明，一大排白色屋子临河而立，连倒影也壮观。我好像从未看到过这样一幅伦敦夜景，不禁想起华兹华斯的一首十四行：

华特卢桥上口占

一八〇二年九月三日

大地拿不出比这更美的风景，

谁能看到这一动人的奇观

而不停留，谁的灵魂就已迟钝。……

当然，他写的是晨光中的伦敦，而我看到的是夜伦敦，时间不一样；但是立在同一座华特卢桥上，我感到我似乎对他当时的心情多了一分了解。

在伦敦的最后一天又是忙忙碌碌，但我总算挤出时间到国家美术馆走了一趟。这里也是旧游之地，我首先看了近年来新购的名画，其中有一幅画面很大的莫内的《睡莲》。莫内画了好多幅《睡莲》，但据说现在伦敦所藏的是其中分外出色的一幅。它陈列在一间地位显著的房里，占了整整一面墙，果然是色彩淡雅，光影交错，写实而含象征意义，水乡宛似仙境。我也借此机会重看了过去喜爱的一些画家，如梵高、马奈、塞尚、戈雅，都有佳作，都仍然叫我停留好久。当然，这里陈列的英国画派的作品更丰富，从荷加斯的《卖虾女》、盖因斯波罗的肖像画一直到透纳的海洋景色。但我特别欣赏的是康斯退勃尔的《干草车》。这幅画画出了英国的乡村景色,一辆运干草的马车正过一条溪流,两个乡下人坐在车上,一个扬鞭赶马,一个注视着轮子在水中的走向,岸上近旁是大树、杂草,过去是草地,接着是树丛,后面则闪耀着一片金黄色的田野。它的复制品是美术书里常见的,但是今天看了原作,我才体会到它的画面之大,透视之深,给了我一种宽阔感。康斯退勃尔喜爱农村生活里的普通事物,曾说:

> 从磨房水坝流下来的水声,快坍的旧河岸,发亮的木柱,砖房——这些景象使我成了一个画家——我是感激的。

他的传记作者莱斯利也说:

> 我曾看他注视着一株好树,欣赏到了出神的程度,就同他看见一个可爱的孩子要一下抱在手里一样。

仅仅说他喜欢大自然是不够的,而且对于他,大自然不是人迹罕见的高山大谷之类,而是乡村常见的景象:两个人赶车过河,一群孩子在水边钓鱼,长堤上一行杨柳,天空中几堆彩云……所以才画得这样真实、纯朴,又这样长远地吸住我们的灵魂。

这一天最后一个约会是去拜访我的老师威廉·燕卜荪教授。我已在几星期前在都柏林见到了他和他的夫人海塔,抵英后又收到了他们约我在七月九日去吃晚饭的信。他们住在伦敦西北区离汉姆斯退特荒地不远的地方。我从地铁车站出来,走向他们住宅时正在下雨,问了几次才找到了。一座两层楼的红砖房子,有一个相当大的花园。雨一停,他们就请我坐在花园草地上,喝起酒来,那时湿淋淋的树叶还在滴水,阳光把一切照得闪亮,空气新鲜极了。那几天伦敦相当热,雨一下也就凉爽了。

我进门之后,先把从北京带来的几样小礼物送给老师夫妇:两幅荣宝斋复制的吴昌硕的水墨画以及我在不久前重返昆明时在石林买的白族的方巾和挂包。后者是给海塔夫人的,她对那些棉织品上的白族图案十分喜欢。她本人是一个雕塑家,吃饭之前还邀我参观了她的工作室,就在楼上,我看到了一些成品和半成品。燕卜荪先生本人对于吴昌硕不甚了然。一听说是比齐白石略早而且为齐所佩服的人,他就问:为什么那个时期中国出现了这样几个大画家,属于老传统而又各有创新?我说这问题我答不上来,只能提供一个情况,即两人都是又精篆刻与书法。

在座还有一对客人,即瑞典汉学家马悦然夫妇。马先生的汉语说得很好，他夫人则是原在成都生长的中国人。有两事凑巧：一是这对夫妇将与我乘同一班中国民航的飞机去北京，二是马先生说他曾译过我在昆明时代写的两首诗，收入他所编的瑞典文的《中国诗选》。

燕卜荪一家同中国的因缘是深长的。他本人一九三七年就来到正处于抗日战火中的中国。这时期他三十多岁，教书极认真，自己用打字机打教材（而且由于师生在流亡途中，图书奇缺，大部分材料，包括莎士比亚的《奥赛罗》整个剧本，都是他凭惊人的记忆力从脑子里拿出来的！），同时他实行了导师制，同我们每个人当面讨论作文。他单身一人来到万里外的异国，生活条件艰苦而不以为意，还在南岳山里写出了关心中日战局的诗。一九四六年秋天他带了妻子和两个两三岁的孩子重来北平，我刚从昆明复员到了清华园，也带了妻子去看他们。记得有一次他同我坐在景山顶上，看着满城的秋色喝茶闲谈，他的两个孩子就在我们身边的山坡上爬着玩。

现在这两个孩子中的一个已经成了汉语专家，中文名燕谋各，正陪着我们吃饭——不仅他本人，还有他的夫人和一个十七八岁的男孩子。原来我的老师的屋顶下，也是三代同堂了。

使人欣慰的是老先生研究的劲头还不小。他出自学院派，然而又能突破学院派的局限，因此他写的书总带开创性：青年成名之作《七类晦涩》开辟了诗义分析的新领域，五十年代的《复杂字的结构》是后来西欧"阐释派"文论家引为先驱的大书,六十年代的《弥尔顿的上帝》又破传统旧说并进而对教会一击,一直到几星期前他在都柏林纪念乔伊斯诞生百年的讨论会上驳斥美国教授和爱尔兰教士,他的建树又何止仅仅在"'词的诗学'的演化"(乔治·斯泰纳语)一点上!他也是有名诗人,作品少而精,有人说是写得太智理化了,谁想到在五十年代又成了英国一群年轻诗人——即所谓"运动"派——竞相仿效的范本。他认为象征式的诗虽好,但已流行过久,所以主张要有一种"辩论式"的诗。他自己写的就是"辩论式"的诗。我想写诗的亲身经验对一个文学理论家是有好处的,而英国文学的长处之一正是由于有一连串的作家兼文论家,从十七世纪的琼森、特莱顿,经过十八世纪的蒲柏、约翰荪和十九世纪的华兹华斯、柯律立治、雪莱、济慈、安诺德,直到二十世纪的艾略特,构成一个独特的传统。这些人知道创作的甘苦,所以谈起理论来也有血有肉,见解精辟。

燕卜荪的可亲处还在于他毫无架子。他历来就平易近人,他在蒙自、昆明的宿舍和他后来在北京沙滩附近的家成了我们这些学生常去的地方。最近几年内,他得了一连串的荣誉:爵士封号,剑桥大学的文学博士学位,英国学士院院士身分(F. B. A.)。这后者在英国公认为一位文科学者能得到的最高荣誉,要经过全体院士选举才给。那晚喝酒时,我笑着问他:"当了院士什么滋味?"他说:"没有什么意思。英国学士院搞关门主义。我写信给院长艾撒亚·柏林谈这问题,他回信说确有关门主义。他们宁可拿钱去资助考古发掘之类的事,而不肯去帮助有才华的年轻人。"他自己则与此相反,总是尽力帮助年轻学者。我知道最近他还帮助一位中年中国学者取得了去牛津一个学院进修的机会。

他对于他教过的多少届中国学生是关心的。当我拿出一本北京出版的《外国文学》杂志的《莎士比亚专号》,告诉他哪几篇文章是他的老学生所写,而且这些人至今还在大学里教英语和英国文学,他那平素不露感情的脸上露出了笑容,并且对在座的客人说:"这些人都是我去中国第一年教的学生。"

然而等我问他是否还想再去中国的时候,他却说:"恐怕不容易了。年纪太大了。我愿意把剩下的时间用来赶紧写书,还有几本书是我想写的。"

吃完饭一直谈到快一点,我终于起身告辞了。他握住我的手说:"几时再见难说了。保重!"

燕谋各先生驾车送我回旅馆,在路上他表示感谢我这次去访他家。"今晚威廉的情绪多好,他多么高兴看见你们这些老学生!"

我说:"我们也高兴见他。他是我们尊重的老师,他也是我们青春岁月的一部分。"

(一九八二年)

一次动情的旅行①

---

① 这次应美中学术交流委员会之邀,去美访问、讲学七十天,共到了十五个地方、九所大学、三家专业图书馆,虽是走马看花,人也搞得很疲惫,倒也有点收获,触景生情处也不少,趁印象还新,写了下来。

图书馆

就从图书馆说起。

凡到过美国的,无不羡慕他们的图书馆。种种方便之处,无须多说。这次我看到了司丹福大学的新图书馆,一切现代化,读者可高踞圆凳之上,在最好的灯光下舒服地阅读,装饰富丽堂皇,连陪去的美国教授都说"花钱太多"了。

但也有不方便处。例如,几家最老的大学往往编目有几种系统,杜威式、国会图书馆式之外,还有他们自创的更老的一式,因为哈佛等校创立之时,连美利坚合众国也未成立,更谈不上国会了。而电脑所收,往往限于最近几年的书。所以查书号也不容易。

有的把书库设在地下。进出已不甚方便,室内温度又往往太高——到了四五月间还在供暖。所以我一进去,一看书架上密密麻麻的全是书,已经有点头晕,又加室温太高,往往过不多久就要赶紧逃上楼去,这时才更感新鲜空气之可贵。

书多也可以是一累。实际上,真正起作用的书并不太多。

文集之类的新版本是值得注意的,但也并非都好;论著经得起时流冲刷者更是不多。这次去美,问起文学界的大书,至今受到称誉的仍是两本,即奥巴赫的《模仿论》(Erich Auerbach: *Mimesis: The Representation of Reality in Western Literature*)和寇底斯的《欧洲文学与拉丁中世纪》(E. R. Curtius: *European Literature and the Latin Middle Ages*),都是写成于四十年代而其英译本出版于五十年代的老书,在我们国内也是在五十年代就已有人读过了。当然,这两书虽然谈的是古旧题目,实则都在着力阐明现代文学的精神实质,这就非当时审查书稿的纳粹检查官所能看出的了。

因此不免有些感想:与其只求书多,不如精选若干好书,成立一些专业性的阅览室,室内空间要略大,座位也要安排得舒服些,例如有沙发、有立灯之类。要使图书馆有别于办公室,有一种闲适的气氛。

不料,人家有一着比我想的更妙。加州伯克里大学在大小图书馆若干个之外,另辟了一个莫里逊图书馆,布置得像俱乐部一样,几处长短沙发,还有一些孤零零的软椅,陈列的都是最新的文史杂志和画册,另有一个"诗人之角",放了几十本新出诗集,此外还有一个角落,让人带着耳机听音乐。原来,这是专为"消遣性阅读"开辟的,门外就标着这样几个大字。好大胆的一着!好体贴人的一着!到头来,又是怎样造福于学术文化的一着!

美国究竟有多少专业图书馆？我不知道，但我从做研究生时候起，就心里向往两家，一家是华盛顿的福尔求（Folger）图书馆，以莎士比亚剧本善本多著称，另一家是加州圣马林诺镇的亨丁顿（Huntington）图书馆，以收藏英国文艺复兴时期著作丰富出名。这一次不但看到了，而且登堂入室，一卷在手，玩之赏之，真是快事。

两家各有特点。福尔求是国会图书馆的紧邻，白色楼房，善本书库在地下，铁门又加大锁，宛似藏金之地。一道一道的门开了又关，终于在一处书架上看到了那七十八本莎士比亚全集的第一个对开本，即一六二三年出版的F1！别国的图书馆，包括伦敦的英国图书馆和牛津的波特林图书馆，都只有几本此书，而福尔求独占了七十八本之多！多有什么好处？好在可以进行比较，发现异文，确定有无临时性的修改、删页，排出一个各本印刷先后的大体过程，等等。这在版本学者看来都是大事。本世纪中叶以来，由于欣曼等学者在福尔求图书馆里的长期研究，已对各种版本问题，提出了一个总结性的报告。我由一位主任陪同入内，不免拿下书来，查看纸张、油墨和纸上水印之类，发现这些F1不仅在版本上是重要的，在印刷上也给人以视觉上的享受，纸张仍然白而厚实，油墨仍然鲜明，而且所用的字体也有古朴的美。装帧则是另一回事，绝大多数已非原装，而经后来收藏者改过了，红皮金字，过分富丽，只有一本所谓"文生"本（the Vincent copy），即由当时承印此书的印刷店老板 William Jaggard 送给他的一个姓 Vincent 的朋友的一本，上有 Jaggard 的签名，仍然保持原有的装帧，简单朴素，反而更令人喜爱。

福尔求有一附设小戏院。我演讲的那天晚上，就由馆长请我看戏。这戏院内部陈设仿古，除了舞台不是所谓"裙形"（the apron stage）而仍是后来的画框式之外，一切都力求近似十六七世纪的戏院，只能容观众二三百人，空气是亲切的。那晚演的是《仲夏夜之梦》，导演是英国人，演员也有经验，照例把那一度长了驴头的工匠包顿演得出色。看完戏，在五月夜晚的华盛顿的街头站着，看着从戏院里缓步走出来的男女观众，感到莎士比亚在现代西方生活里仍是一个重要的"存在"，他使人们仍然有梦幻般的夜晚，从而也就活跃了他们的想象力。

福尔求还有一个出版部，出了不少好书。这些书的素材从何而来？主要来自图书馆所组织的各种学术演讲和讨论班。许多有名的学者被邀请来到这里，担任这类活动的主讲人。馆内有食堂，学者可以就在里面吃午饭。食堂也可作讲演厅，有时候，他们就是一边吃饭，一边听演讲。

它也有自己的修书工房。这房相当大，设备齐全，少量机器之外，满满一墙挂着锤头锥子等手工工具。只有一位师傅在里面，他是从波罗的海附近地方移居来此的，英语还说不好，但却很爱讲话。原来他出自装帧工的世家，父、兄都操此业。他对我说了半天东方的棉纸、宣纸的好处，在修书过程中都是极为有用的。他又让我看各种皮张，红蓝黄紫黑白等色都有，他摸着它们像是有一种特殊的愉快。这里面还有世代相传的工匠的骄傲，这在今天这个尽是平装书、纸面本的"机械复制"时代是十分可贵的。

亨丁顿的特色在于它是"三位一体"，既是图书馆，又是画廊，又是大花园。

还可以加上一点，它的近邻就是加州理工学院，而加理的建筑极为出色，例如密里根图书馆是一块拔地而起的黑色大理石，一条长长的厚板，而两旁是黄色的西班牙建筑，有着有拱门的长廊，后面则是小桥流水式的东方庭园。加上加州的阳光、蓝天和鲜花，在我所见过的十几所美国大学校园里是最使我倾心的了。

然而亨丁顿却另有胜景。图书馆本身是一种牧场式的平顶屋子，开朗，出进方便。围绕着它是一个一个互相联结而又各具特色的花园：玫瑰园，日本园，禅园，澳大利亚园，热带园，沙漠园，还有一个水莲池。其间有山坡，有溪流，有桥，有石路、小径、亭子、日本式建筑、大片大片的树林和草地。

带领我穿行其间的索普教授担任了二十多年的馆长，在他任内收购了许多善本书，然而他更得意的似乎是这些园子，走得气喘起来，却还不住地指点园林花木，说何者是他经营，何者是他授意，特别骄傲的是那个禅园和日本建筑，我看了也颇动心，因为那建筑何其像我在北京居住的日本式小屋——人人都说太破旧了，该搬进大楼去了，而我们夫妻两人则虽经一次火炉煤气的严重中毒而至今还在依恋的旧居！

当然，亨丁顿吸引四方学者的仍是书。原来以英国文艺复兴时期的著作为重点收藏对象，近年来扩大到了美国文学。

同福尔求一样，它对前来研究的人提供各种方便。我知道会在这里碰到许多想见的人，却没有料到能遇上包厄斯先生(Fredson Bowers)。

包厄斯是英国文艺复兴时期剧本的版本专家，学术刊物《版本研究》的主编，从四十年代后期起就是美国考据学者中的领袖人物。我自己那一代在英美留学的文学研究者迷于版本和考据，犹如当今这一代的留学生醉心于文学新理论一样，因此对于包厄斯的所编所著，是颇有接触的。我还以为他一定是个盛气凌人的学阀式人物，因为记得他对现代英国的莎剧考据大家格雷格(W. W. Greg)也曾挑剔过。

不料见到的是一个说话轻柔、脾气不错的老学者，现已年过八十，早从弗琴尼亚大学退休了，但还在搞研究，而且仍是搞考据，最近还发现亨丁顿所收藏的某一善本中错页的事。他告诉我这一点的时候，仍然又高兴，又得意。

我问他："为什么你编的戴克(Dekker)全集里，只注版本异同,而一点不注内容呢?"

"啊,那个,"他笑了,"时间,完全是时间关系。你知道,生也有涯,知也无涯……"

接着他说:"这注内容的工作已经由我的一位学生承担起来了,他已经另出了内容详注,可以补充我所编的全集了。"

"当然,我也看过你替纳波柯夫的《文学讲稿》写的序言。这讲稿似乎就是你编集的。"

"不错。其实我也在福克纳的手稿上下过功夫。"

这就是说,他曾用考据莎士比亚的认真、细致的态度搞过现当代文学的研究,这一点是同格雷格等英国考据学者不一样的。

后来,我又在一次宴会上看到他,他的夫人——一位小说家——也来了。主人是十六世纪文学专家哈里特·司密斯教授(Halett Smith),诺顿英国文学选上卷中的十六世纪部分就是他编的。索普教授夫妇也在座。在这里我听到的主要是回忆:回忆他们当年在哈佛大学吉屈里其教授手下读书的情形,博士生考试的严格,问题的无奇不有,等等,也回忆他们同我在牛津的导师威尔逊教授的交情,对于他的博学和才华——"世界上最有学问的文艺复兴研究者"——的赞叹,对于他的终未完成牛津英国文学史中莎士比亚卷的惋惜,等等。

包厄斯显得很健谈,词锋也越来越锐利了。

然而第二天,当我再去亨丁顿的时候,我发现他又在一间特设的玻璃小房里,用一架陈旧的小打字机在埋头工作。为了不让打字的声音吵了别人,这小房对外是隔音的。

我又羡慕这隔音小房,又觉得还有大千世界在呼唤着我……

(一九八五年)

才女们

重访美国,才知女权运动影响之深。

原来我以为女权运动仅是一时热闹,说不定已经烟消云散。

其实不然。就在我所研究的专业里,也出现了它的影响。

我此番去美,主要目的是要了解美国文学研究界对于文学史的看法。仿佛听见人说:文学史已不时兴,没有多少人对它有兴趣。

其实又不然。别的不说,有两种大部头的美国文学史正在编写中。一种是哈佛大学教授萨克梵·柏可维奇(Sacvan Bercovitch)主编的五卷本剑桥版美国文学史,另一种是普林斯顿大学教授艾莫莱·艾略特(Emory Elliott)主编的一卷本哥仑比亚版美国文学史。编者是各大学的名教授,出版家又是大学出版社中有声望又会做生意的两家,显然是研究者和读书界都对文学史有相当大的兴趣。两位主编我都遇到了,也都成了我的朋友。

他们告诉我:美国文学史的内容(canon)将大异于前。首先,它们改变了过去以白人为中心、以男性为中心、以艺术文为中心的做法,要包括更多少数民族、妇女和大众传播工具之类的材料。

这里就已看出了女权运动的影响。

还不止此。不只要加进更多的妇女作品,还要对已经知名的作品(包括妇女作品)从妇女的观点重新评价。

一本两位女士的论著《顶楼上的疯婆子》应运而生。我没有读过它,但曾听人说过它的论点。它以夏洛特·勃朗蒂的名著《简爱》为出发点,其论旨是被洛彻斯透关在顶楼上、后来遭火烧死了的他的前妻疯婆子与简爱实是一人,或同一女性的两面;在男性中心的社会里妇女的命运不是发疯,就是成为玩物。

两三年前,美国现代语言学会(MLA)曾召开一会,集中讨论文学史的问题,一位女学者慷慨陈词,说是不应该忘了反战运动、民权运动、女权运动风起云涌的六十年代,应该用那样的精神来写美国文学史。据艾莫莱告诉我,当时会场上热气腾腾,长时间掌声不息。

这样的精神气候使得一些大男子主义者也要三思而行。它成为文学史背后的"意识形态"(ideology)。在讨论文学史的时候,这个字是经常出现的,就在爬满了长春藤和绿叶的东部老大学里也这样。

这些大学的英文系——一向骄傲、以学术堡垒自诩的英文系——也不得不让妇女充当了正教授，而且有不少还是讲座教授。

我见到了三位这样的女教授。她们全到过中国。我是在北京初次认识她们的，这次是重见了。

按照见到的先后，第一位是芭芭拉·亨斯坦·司密斯。

她曾出席一九八三年九月在北京举行的中美比较文学学者会议，以她的口才震惊了全体参加者——不是那种讲究词藻、带点表演性质的口才，而是说话清楚、明快、条理分明，短短几句话就打中要害。她是宾夕法尼亚大学的教授，写过几本有名的理论著作，一曰《诗的结束》，又一曰《在言词的边缘上》（一九七八）。后者是驳英国文体学者罗杰·福勒的论点的。"她认为〔福勒及其同行的〕文章大多言过其实，缺乏说服力，不仅术语含糊、立论失当，而且所得出的结论也幼稚可笑或莫名其妙。"这几句话是我的年轻朋友钱佼汝对此书的概括（见《英语文体学的范围、性质与方法》一文，载于《外语教学与研究》一九八五年第二期），足见司密斯见解的精辟和词锋的锐利。但她研究的主要领域是"叙述学"（Narratology），在北京开会时宣读的论文就是探讨灰姑娘这一民间故事的。她认为虽然各种不同民族不同语种都有同灰姑娘大体相似的故事，但是它们之间并不存在一个共同的最初原型。

宾夕法尼亚大学并不在我的旅程表上，我是在普林斯顿巧遇芭芭拉的。在听一次名为"高斯批评讨论会"的场合，我正在准备听斯蒂芬·格林勃拉特讲《乐土里的戒严令》时,忽听背后有人叫我,一看正是司密斯教授。我们两人都走出座位,在过道里对谈了一阵。我只来得及告诉她我读过了她那本《在言词的边缘上》,还没听清她说她的最近新作的内容,演讲会就开始了。

这一次她是"惊鸿一瞥",然而风度依然,一双大眼依然闪耀着机智,微笑里依然又带深情,又带嘲弄。

第二位是海伦·文德勒。她曾来北京我所在的学校作过两次关于美国诗歌的演讲。我也爱好诗歌,因此同她谈得投机。她听说我要来哈佛,早就约好第二天请我吃晚饭。

她自己开车把我接去。在查尔斯河的对岸,一座豪华的旅馆的十四层上有一家"皇后饭店",以中国烹调出名,然而我所点的"对虾——北京烧法"却是用白水煮的。这倒不妨碍谈话。

我们谈的不全是诗。人生毕竟比文学更重要,而人生包括了信仰和压迫。她原是一个天主教徒,但现在已经"偏离"了。提到压迫,她以哈佛为例,说明黑人进来不易,进来了仍有无形的压迫,例如她教过一个黑人女生,因动了几次手术而影响学业,但是管她的白人女助理员(往往由研究生担任)毫不同情,主张让她退学。如果是白人,那么助理员会替她向学校说话。这就是无形的压迫。

她同时在哈佛和波士顿两大学教文学,最近写了《济慈的颂歌》一书,是研究济慈所作六大颂歌——《夜莺颂》、《希腊古瓮颂》等——的专著，博得了新旧各派学者一致的好评。我对于喜欢济慈的人总有好感，于是我告诉她：我自己正在逐篇重读济慈的诗，为了写我那《英国诗史》中的济慈一章，不知她那本专著的中心论旨是什么？她说：过去的批评家总以为这六个颂歌美则美矣，但互不相关，似乎各是一时感兴，而她则发现，它们是连贯的，有一个统一的主题。济慈决不是那种只凭感情冲动写诗的"浪漫派"，而是一个思想深刻的民主派。

几乎是同时，我们背诵起济慈的诗行来：

> 谁也别想篡夺这个峰顶
> 除了那些把世界的苦难当作苦难
> 而且因此而日夜不安的人！

呵，多么饱含正义感的深刻的诗行！读文学的人首先就要熟读这样的名句！

后来，我们品评起文章来。她的意见极为明确："美国学术界多的是枯燥无味的论文，而想写得雅一点的则动不动引经据典。这就类似以认识要人多而自傲的社交风气（name-dropping）。我喜欢的则是透明的风格，是直截了当说出自己想说的。"

我看着查尔斯河上荡漾着的灯光，心里感到爽快。这沉沉夜色笼罩了两岸多少学府，多少图书，却还不能扼杀性灵。

另一位芭芭拉,哈佛的勒华尔斯基教授,是另一种典型。在课堂里,她是密尔顿专家,继其专著《新教诗学与十七世纪宗教抒情诗》(一九七九)获得美国现代语言学会的洛威尔奖金之后,另一专著《失乐园与文学形式的修辞学》(一九八五)刚由普林斯顿大学出版社印行;在家庭里,她是主妇、母亲、厨子;在国际学术界的交往里,她是一个最热心的接待者和最体贴的朋友。

这后者我是身受其惠的。我在哈佛的日程表全部由她安排,这当中除了招待会、宴会和演讲之外,还包括一次英文系博士生口试的旁听和一次到她家所在的罗特岛的普鲁文斯登市及其附近海港纽堡的出游。她开车接我,送我,带我去怀特纳图书馆领证,陪我去听音乐会,又把我接到她的家里,认识她的丈夫开安——一位历史学教授——又一同去纽堡。那个大西洋岸边的小港过去是富豪们度假之地,司各特·费兹裘洛尔特的小说《伟大的盖茨贝》就是以此地为背景的。我在纽堡第一次闻到了北大西洋海水的盐味,在海滨沙滩上让冷风吹拂自己,又在一家船形的水边饭店吃了龙虾。

在哈佛的第一天,她刚把我送到招待所,半小时后就又开车来接我去听欧文·霍的公开演讲。我因旅途劳顿,在座位上昏昏欲眠,回头看她,却是全心贯注地在听演讲,有时笑,有时说话应和或反对,像一个大学初年级生那样认真。

然而在口试场上,她却是一个老练而又和善的发问者。这是一次博士资格考试,及格了才能进一步写论文,面对着三位考官的是一个从英国来的女生。三人轮流发问,足足问了三小时。应该说,这是比论文答辩更不易准备的考试,因为考官可以在考生的专业范围内,随便提任何问题。三位考官各有分工,芭芭拉专问英国文艺复兴时期文学,另两位一个问现代文学,一个问美国文学。这位女生怯生生的,有点紧张,然而坚持了下来,而且她的回答在我听来是相当好的。等到问题提完,考生退场,考官们商量了一会儿,再把考生叫了进来,由主考对她宣布说:考试及格,然而成绩只得中上,原因是:答虽答对了,但不少处答得过泛,没有紧扣题目,不够具体。

后来,芭芭拉告诉我:考生的缺点之一是对重要作家集子的本文不够熟,例如密尔顿的《失乐园》之类她就不能成段成段地引用。熟读本文,这是她对一切研究生的要求。

不止是她。凡我所遇见的文学教授,总是在阐释了或议论了新派文学理论等等之后,归纳出一点:必须熟读本文,要读全读透。

这一点,也反映在流行的大型英美文学选本里。过去我们做学生时,选本对长篇作品总是节选,因此选本也不厚。现在则选本总是厚厚二大册,重要长篇都全文收入,例如莎士比亚,《诺顿》文选第四版(一九七九)就选了《李尔王》和《亨利第四》两个整剧。这对学生有好处,花二十元买一套,自己就拥有一个从古到今的名著合编了。这也促使学生多读原著,而不是只将作品作为谈助；文学毕竟是要亲身体验的，而不是仅仅议论的。

因此，最负盛名的大学者也舍得花时间和精力来编这类选本。这是基本工作，没有人看轻。再以上述《诺顿》文选为例，主编是康乃尔大学的老教授 M. H. 艾勃拉姆斯，专著《镜与灯》的作者，在浪漫主义诗学的研究上其成就之高是公认的。分编者也是一时之选，这当中就包括了芭芭拉和我后来在亨丁顿图书馆里认识的海力特·斯密史教授。

我是在加州大学伯克莱分校遇到阿维塔尔·朗耐尔的。

她年轻，三十岁出头的样子。小小的个儿，略见瘦削，皮肤白白的，睁着一双黑色的大眼。有时穿一件天蓝色披肩似的外衣，随便地搭在赤露的双肩上。

她的风度，与其说是美国的，毋宁说是法国的。

果然，她法语德语都说得极好，这一点在美国的大学教师群中是不多见的。

在比较文学系毕业典礼后的招待会里，菲力浦·台蒙教授——在伯克莱的接待我的主人——介绍了我们相识。正说话间，另一位老教授凑了过来，说了几句捧她的话，说她在某次学术会上所读的论文如何如何精彩。

我这才知道，她是研究新派文学理论的。我在国内也看过几本入门书，但是说实话，我并不了解，倒是充满了问题。这样，我们就定下了下次相见的时间。

是在一家叫做 Henry's（亨利记）的饭馆里吃晚饭，在座还有她的女伴，一位教西班牙文学的助理教授。她带来了一些她的论文的抽印本。后来我翻了一下，题目很专门，也不好懂。

但是她作为最新理论的阐释者，却是完全有资格的。原来她曾在巴黎第八大学讲过课，而且是做雅克·台利达（Jacques Derrida）的助手。

"我帮他建立了一门课，"她说，"但你知道第八大学是什么样子么？设备最差，离中心很远，学生几乎全是移民——也就是大教授们不去的地方。还是靠了社会党政府的支持，台利达才升成了正教授。可是不管那一套，我们拼命干，我一天跑几趟，总算把课开起来了。"

她说话极为直爽，词锋虽锐利，却似乎不在乎别人同她争论。

因此我提出了在这种场合人们照例会提的某些问题：为什么要用那么多术语？为什么老是那么抽象，而没有能够细致地分析一个具体作品？层层剥离的分析法到底要把文学理论带往何处？等等。

饭馆里人来人往，声音嘈杂。我未必完全听清，但阿维塔尔的主要回答似乎是：新理论是同新的政治理想有关的，是反传统、反控制的。正因为统治阶层用滥了理论术语，所以有必要创造新的术语。要向习惯势力和他们的价值观挑战，而又想写得清清楚楚，就会不知不觉又坠入它们的大网，到头来失去了一切锐气。……

"对不住,"我说,"但你们的出发点也是一种传统,一种以索胥儿语言学理论为基础的新传统,而索胥儿也许不是无懈可击的。他将语言抽象化为一种系统的论点已被语言学家们奉为天经地义,然而燕卜荪早在他的《词的复杂结构》一书里对它提出了挑战,而'共时语言学'的完全排斥历史也是不科学的。……"

饭馆毕竟不是可以进行学术讨论的地方。所以不久,我们就谈起美国社会来。在这方面,阿维塔尔和他的同伴又都是不满现状的。

"黑人的四分之一蹲在监牢里,这就是现实。另一方面,我们这个社会倒是真正开放的。"

"这一切怎样反映在你们的文学里呢?"我几乎是本能地、不假思索地用了"反映"这一老术语。

她的反应迅如闪电。"文学反映任何东西么?"

我笑了。我已经被钉住了。

(一九八五年)

新英格兰的思想气候

上面已经说过,我到哈佛大学的第一天,行李刚放下,就被芭芭拉·勒华尔斯基教授拉着去听一次公开的学术演讲。

先说一点闲话。美国各大学除了图书馆之外,吸引人的还有这些频繁举行的学术演讲。不是上课,而是对公众演讲。这类演讲的费用都是由私人或基金会捐的,或为纪念某人而设立,所以往往标以一些人的名字,如普林斯顿的"高斯批评讨论会"就是为了纪念过去对大学出过力的克里斯钦·高斯教授的。

这类演讲无不是郑重其事地很早就约定专人来讲,广贴海报,而讲者也无不事先认真准备,一般都是写出讲稿来念的,因此固然要有学问又能写文章,念的本领也很重要。听的人师生都有,市民也可参加,一般是来者不拒。讲完总有提问,讲者往往都有应付问题的本领,往往能做到要言不烦,或警辟,或幽默,对于反对的意见即使反驳也往往是尖锐而不伤和气。讲完总有酒会招待讲者,使听众和讲者的朋友们能在融洽的气氛里再多谈一会儿。

我认为这类应是中国留学生常去的场合，可学的东西太多了。我国的大学里也有这类的公开学术报告，但还不够"制度化"，举行得不经常，题目之类无计划，还没有哪家讲座已成为全国知名的学术活动。

芭芭拉拉我去听的，是欧文·霍讲爱默生思想。他一共讲三次，这是最后一次。

霍不是哈佛老师，他是别的大学的教授，而且是一个没有高级学位的教授，因为他是靠在报纸杂志上写文章成名的，也就是完全凭自己奋斗出来的。我读他的文章很少，所以这次听讲也就是我对他的才学的初次品尝。

果然不凡。他有深度，又有文采。虽然那一天我因旅途劳顿，头脑昏昏沉沉，几度想打瞌睡，但大体听懂了他的要点——越到后来，越听得分明，因为那时睡意已无，完全清醒了。他所探讨的问题是：爱默生思想的精粹是什么？还存不存在于今天的美国社会？他认为爱默生写《美国学者》一文，是论知识分子在美洲新社会里的作用的。新社会要摆脱欧洲旧传统，要平等、自由，但又要开明、宽容，特别是对于"思索的人"，即知识分子。而后来美国的发展，却是物质主义占了上风，相应而出现了一种反知识分子的倾向，若干作家——如海明威——就有这种倾向。几次总统选举，也清楚地表明了这一点。但是事情的另一面却是：爱默生思想仍然有影响，知识分子也仍然有力量。他认为眼前美国社会的保守风气是会过去的,已经有些迹象表明爱默生思想的复苏。

霍论点鲜明,口齿清楚,只有这里那里的抽象大词表明他是曾经浪迹纽约的文化人。

等到提问开始,我看到霍使出了另一手招数:挖苦。他对于第一个起来质问他为什么要讽刺极左分子的发言者——一个衣衫褴褛、满脸胡子的高个子——毫不客气,嘲讽之外加以挖苦。也许是我还不熟悉美国文化界的辩论的通常做法,总觉得霍比一般教授要刻薄些。毫无疑问,他是千百次激辩的过来人,在这样的场合是完全懂得该怎样对付论敌的。

他这次演讲的作用之一,是使我想好好地重读爱默生,特别是那篇《美国学者》。

事有凑巧。紧接此后,在哈佛研究的北大教师张隆溪和他的爱人唐薇林两位陪我出游,去到腊克星顿和康考特,看了爱默生和霍桑住过的房子,凭吊了梭罗住过的小屋的废墟,并在华尔腾湖周围走了一阵。

湖不大,却极清幽,四周的小山和山上的大树隔住了外面世界的尘嚣。管理处设想得周到:大体维持原状,不搞现代化,坡上林间不修水泥路。我在湖边的小径上漫步,想着梭罗的为人。

梭罗是奇人,但不是我们的所谓隐士。他以自然界的动植物为伴,自耕自食,把他的随感写进了《华尔腾》一书;然而同时,他在思索着社会里的大问题,又写了《论公民之不服从》①一文。公然提出公民有权不服从政府,这是一七七四年美国革命精神的真正体现,也是从洛克的社会契约论以来的启蒙主义的进一步发展。它也造成了巨大影响。印度的甘地是读过梭罗此文的,美国社会里各种各样的离经叛道的人更无疑是从各种渠道受过梭罗的思想的熏陶的。

梭罗、爱默生、霍桑出现在同一时代、同一地方,都是对美国建国以后的社会怀抱着理想但又有深刻忧虑的有心人,都写下了巨著。他们帮着形成了新英格兰精神。这里面有民主思想,叫人勤奋、勇敢而诚实,敢于抗击任何不公正的东西;为了充实新社会的精神生活,这些有心人还在清教徒主义之上补充了神话、象征和同大自然的亲切关系。新英格兰精神也有阴冷、无情的一面,表现在商业上的精明,不顾一切地追求利润,无所忌惮地向外扩张,也表现在把赛兰姆的女巫以及类似的无辜者私刑处死。

梭罗是早已对这阴冷的一面深有所感,才写下了他的名文么?我站在他那小屋的废墟上,看着山底下清彻的华尔腾湖,想了半天。

---

① 这是通行的题目。作者原题是《对政府的抵抗》。

新英格兰确实是寒冷的,六月里的天气还需要穿呢子衣服。我从波士顿继续前行,坐公共汽车到了安茂斯特城,在马萨诸塞大学的校园中心里暂时息脚。

到那里是为了谈校际交流、合作编书的事。见到了校长、副校长、系主任和若干位教授,一连串的约请,几乎没有一点空闲。

但我还是找了一个下午,由两位在那里进修的女教师陪着,去到安茂斯特镇上,看了艾密莉·迪更生一家的旧居。

这又是一个奇人。几乎是一生足不出户,也没有结婚,却暗中写了一千余首小诗,经过长时期的默默无闻之后,到现在全部出版,成为美国文学史上继惠特曼之后的另一大诗人。

房子不大,一座普通的两层楼建筑,外面有绿草鲜花,室内却是朴素无华。女诗人的卧室墙上挂着几张旧相片。有一张是一个她可能爱过而终于放弃的男人的相片,另外一张照了她的父亲,一个牧师,据说热心教育事业,但相片上的神情却是异乎寻常的严厉。

这严厉使我停步。窗外是艳阳天,室内的女人却只能在这严厉眼光的注视下偷偷地写文字简单而内容奥秘的小诗,直到在这白色床单灰色披肩的素净的环境里死寂——在这里,我不是看到了新英格兰精神又一侧面么?

最后仍是回到了哈佛方场。经过此番旅行,它的红砖建筑变得温暖起来。

有些人觉得哈佛方场太小了,那红砖建筑也不够堂皇。我倒无取于别的东部有名大学的宽广的校园和各种仿古的石头建筑,即所谓假哥德式建筑,因为至少哈佛的建筑是真实的,不故意追求古雅,而且十八世纪后半叶的乔治式红砖房子有其本身的情趣,而屋子连着屋子只露一个方场也显得亲切。我住在哈佛教师俱乐部,就在校园的边上,到图书馆、博物馆、讲演厅去都只需几分钟步行,方便得很,心情也就恬适起来。

哈佛的创立早于美利坚合众国。我看见有一个汲水的旧铁架,是最初的哈佛学生打水的地方,而最初的学生是读神学的。这一点同欧洲的老大学相似:巴黎、牛津等校起初都是教士们聚居读经之处。今天哈佛仍保有它的神学院,没有切断它同欧洲新教主义之间的脐带。

哈佛也将欧洲文化的其他方面传进了新英格兰,像是想用欧洲的"甜蜜与光明"来调济新英格兰精神的严峻。同欧洲古大学一样,它十分注意希腊罗马的古代文学、史学和哲学。一直到二十世纪初年,哈佛英文系尊崇德国学派的研究作风,承袭了它的严谨,也承袭了它的烦琐。

今天的情况如何?

同欧洲的联系仍然是密切的。三个图书馆、五六个博物馆里仍然以欧洲文物为主,师生仍然在编罗艾勃古典文库里的新项目,哈佛出版社仍然在出着有关亚里斯多德的新论著新译本，很可能哈佛认为它在欧洲古典文史的研究上一点不比巴黎和牛津差。然而哈佛的门开得更大了，早已从亚洲、非洲、拉美、大洋洲等等地方涌进了新思潮新学问。

学问的国际化是在哈佛明显可见的。校园里走着有各种外国名字的教授和研究生，土生土长的美国学者里也有众多向往世界文化的人。

我似乎在几位教授身上看见了这样的向往之火在闪耀。

哈利·勒文是老一代的学者了，事实上也已经退休。然而他还在研究。就在我停留的时候，他还作了一次公开学术演讲，题目是关于弗兰西斯·培根的，显然是对于英国文艺复兴的思想气候再来一次探测。我错过了这次演讲，但在他家的一次午宴席上我有机会问他对于新派文学理论的看法。他的回答是：过去英美的文学批评只着重作品而不讲写作过程，其弊在不够理论化；而今天则相反，其弊在过分理论化。

这样的"一言以蔽之"有无道理？至少，他是一个深知此中奥妙的过来人。他以研究十六世纪英国剧作家马罗成名，后来却变成乔埃斯①作品在美国的最早的评论者和推广者；他又是经常关心当代创作的一人，同埃特蒙·威尔逊等作家的友谊是人所共知的。哈佛的第一个比较文学讲座教授是他；他的关于多种文学的多种著作表明他对于欧洲古今重要语言的掌握，而

---

① 即"乔伊斯"。——编者注

他关于现代主义的专著又表明他对于文学理论问题和当代思潮的关注。然而他又是谦逊的。当他在餐桌对面同我缓缓地轻声地谈着的时候，没有一点矜持的神气。

接着，我见了堂纳尔德·范格教授。他只有四十多岁，说一口好俄语，是哈佛的斯拉夫文学教授。他也是我在北京讨论会上见过的，所以是老朋友了。这一次，我们坐在一家咖啡店的露天座上谈了一下午。他也是关心新理论的，但他所介绍的不是法国的先锋派，而是已故的苏联文艺家米哈依尔·巴赫金，而巴赫金的复调理论和对于社会历史因素的重视既是新颖的现代理论，又足以纠正形式主义的缺点。范格也精通法文，写过对比拉布雷与陀斯退也夫斯基[①]的专著。

这是另一个沟通哈佛与欧洲文化的学者，也很关心中国文学和文学研究的现状。在那个下午的谈话里，我们逐渐从大的文化背景谈到了每人自己，出现了自传式的倾吐……

然而尽管有这么多风流人物，爱默生心目中的"美国学者"又何在？

在一个意义上，勒文、范格和我在前文说过的才女们都是。

但我还要在一个特殊美国的领域里再找，这个领域就是美

[①] 即"陀斯妥耶夫斯基"。——编者注

国文学。

这是个新领域。所谓新,是指二三十年前,就在美国,也颇有些有影响的教授不承认它是一个独立领域。大学里只有少数几门美国文学的课程,特别是难于见到现代文学的课程,犹如解放前的中国大学的中文系不会开课来专门研究鲁迅和茅盾一样。

当然,有例外。四十年代在哈佛,就有一位研究美国文学卓有成绩的青年教授,他就是F. O. 麦息生。他的厚厚一大册专著《美国文艺复兴》就是研究爱默生、霍桑、梭罗、惠特曼、麦尔维尔那些巨人的,至今仍是出色的巨制。

现在,麦息生的工作由别的哈佛教授承担起来,美国文学在哈佛已是一个生气勃勃的独立专业。

这当中,有两个人作出了特别贡献:他们是旦尼尔·阿伦和萨克梵·勃柯维奇。

阿伦来过中国。他的著作《站在左边的作家们》是我国研究者知道的。他请我到学生宿舍去吃午饭,每人自端盘子,各要各的菜,然后放在一个专门留给教师的桌子上吃起来。一同吃饭的人里面有名教授兼作家乔治·斯泰纳的儿子,在哈佛当助教。阿伦给了我一篇他的论文的抽印本,题为《给一个中国朋友的信》,是讨论美国知识分子的地位和作用的。同霍一样,他立论的出发点也是爱默生的《美国学者》一文。他已经退休,但还保留着他在英文系的办公室,因为还在进行着一项规模很大的研究，像是整理出版某些美国作家的书信。

"美国文学研究正是方兴未艾，"他说，"保守派无能为力了。"

他不喜欢保守派，特别是当前美国政府里的那些人。同欧文·霍一样，他希望能看到他们倒台的一天。

"你退休了，那么谁继任了你的讲座?"我问。

"萨克梵——他是我从多少人里选出，由我自己向学校推荐的。一个非常好的人，有眼光，有能力。"

这位萨克梵·勃柯维奇我已经在前文提过，他是剑桥版五卷本美国文学史的主编。年纪不大（可能是三十几，可能是四十出头），和气，对生人说话不多，但是很诚恳，很实在。我已经在不同场合见过他，但他还一定要在俱乐部里请我吃晚饭。

我们谈的，自然是文学史写法问题。他知道普林斯顿的艾莫莱·艾略特已经同我谈过许多问题，所以主要只谈一点，即他的文学史里将不为大作家辟专章，而把他们的活动分到有关的章里去叙述。

这将是文学史写法上的大革命。试想能写中国文学史而无李白、杜甫的专章么?

然而当时无法细谈。我倒是在那次晚饭席上证实了一件事，知道了一个消息。

证实的是：他的名字之所以称为萨克梵，是因为他的父母替二十年代被美国法庭处死的两个意大利穷移民——萨柯和梵塞蒂——鸣不平,所以把两人的名字合起来,给新生的儿子作为名字。这事我先已听人说过,现在萨克梵本人证实了它。

消息是:萨克梵就要去中国。他将像我一样,由美中学术交流委员会根据高级学者交流计划邀请,只不过行程是由美去华。

这就太好了。我期待在北京接待这位将不负爱默生所望的"美国学者"。

(一九八五年)

中心的绿洲

如果生活节奏可以模仿音乐的话，那么我在堪萨斯城的几天是西班牙吉他同美国爵士乐的合奏。

堪萨斯市与西班牙的塞维尔城结为姊妹，在它的建筑上——特别在阿尔米达广场周围——有莫尔人的遗风，圆门，拱窗，宽走廊，墙上地上都有镶着各种颜色石子的彩图，屋子的颜色以黄色红色为主，情调是西南部欧洲的。

堪萨斯又是爵士乐兴起之地，其盛况据说仅次于新奥尔良一地。这类爵士乐节奏虽然急骤，但还不像后来的流行音乐那样几乎是疯狂一般，唱的歌也还没变成后来那样的嘶叫，而勃鲁士的哀歌，常常是叫人心碎的。

后来我果然有机会去参加了一次群众性的歌唱会。在一条河的两岸石坡上草地上，聚集了几万市民，躺的坐的都有，在听几位黑人歌手站在一个临时搭的小台上通过扩声器唱歌。

陪我去的有这里密苏里大学音乐学院的副院长汉弥尔登夫妇，一位叫迈可的青年教师（他同时也领导一个爵士乐队），一位叫沁息亚的女研究生(她也弹钢琴,正在读音乐博士学位)。我跟着他们,从一岸走到另一岸,穿插在人群里,有时还要跳过一道石砌的水槽。人群当中,这里那里,还闻得着烤肉的味道,有的是小贩卖的,有的是人家带了烤肉机来自烤的。

这一夜相当热,所以大家都衣着随便,穿汗衫、紧身裤或布裙的到处都有,主要是些年轻人,他们要在这星期天晚上再痛快玩一阵,明天就该上班了。

空气是嘈杂而亲切的,人们脾气很好,好像在这种空气里谁都可以随便同谁讲话,没有你/我、本地人/外地人那一套。

那歌声起伏着,有时群众跟着唱,甚至手舞足蹈,使得这空气更亲切了。

从群众歌会出来,主人们兴犹未尽,又带我走进一家饭馆。

饭馆好像同航海有点关系,或借它增加色彩,进门一个地方挂着一个大铁锚。屋顶低低的,酒气浓浓的,到处都有人。我们站着等了一会,还亏得那位青年教师有熟人,才找到一张桌子坐下来。

这里有一个乐队,演唱二三十年代的爵士乐,人们也可以在桌子与桌子之间的小小空地上随乐起舞。我看见跳得最起劲的是两对老夫妇,特别是一位老太太,几乎是每曲必舞,跳得认真,像是竭尽全力以赴,而且也确是跳得很好看。她的白金长发不再光彩夺目了,是要在这急管哀弦中追回那些舍不得忘记的往日么？

另一个晚上，两位教授，一男一女，陪我在一家戏院吃饭。这戏院称为"华尔陀-爱斯托里亚晚餐戏院"，客人可以一边吃饭，一边看戏。一进去就每人手拿一盘到台上一张大桌上随意选取食品，然后走下来在戏院里找到桌子和座位，坐下用餐。我们的桌子是在低低的二楼上，凭栏而坐，边吃边看。这时台上已撤去大餐桌，一群密苏里大学的男女青年在唱歌了，边唱边演。节目中有"老人河"，只不过歌词同保罗·罗勃逊唱的不同了。

但这只是序幕。不久正剧上演。是一个喜剧，剧名《杜克》，演的是一个人在医院做了改变性别的手术，回到原住的公寓后的种种遭遇。演了三幕，幕间有刚才唱歌的女生到桌旁来问要什么饮料，喝草莓泥加冰的各赠一个长啤酒杯，上面就印着"杜克"一字。

以上种种是典型美国风俗，因为堪萨斯市是一个典型的美国内地城市。

如果你看看地图，你会发现堪萨斯市正在美国的中心。

多少年前，这地方被称为"通往西部的大门"，来来往往的都是商人、投机者、牛仔和少数有冒险精神的女人。地方大概很荒凉，特别是向西的路上，大篷车走上半天也碰不到一家店一个人。

如今这一切变了。堪萨斯市的绿化搞得特别好,而且处处留出宽阔的草地,使人感到这城市开朗,悠闲。

还在城里建起了一座博物馆,其中的中国部分就有不少精品,而且陈列柜完全现代化,灯光悦目,人一走灯就自动灭了。

又在这里办起了一所大学,即密苏里(堪萨斯市)大学。著名的密苏里新闻学院却不在这里,而在哥伦比亚市的另一个密苏里大学校园。堪萨斯校园的密大是由几个当地原有的学院组成的,底子比较薄,博士点不多,但却办得很有生气,医学院工学院法学院都有特色,近年来又在历史、文学艺术等人文学科下了本钱。

我到达不久,主人米彻尔协理副校长和曹根勃格系主任就建议我去看"表演艺术中心"。到了那座土红色的现代建筑,我发现里面有一个戏院和一个音乐厅,设备都是最新的。为我导游的女教授是中心的负责人,对于那个戏院特别感到自豪。舞台可以变成任何形状,包括伊利莎白时期的裙形舞台,观众席上每个位置都可以看清表演,而且一部分座位可以临时移走,只要一按电钮就成。正是在这里,不久以前,一些美国学生在我国名演员英若诚的指导之下,用英语演出了巴金著、曹禺编的《家》和昆曲《十五贯》。

密大之所以能成此创举,不仅由于有好设备,还由于几位负责人——校长物理家乔治·罗素、副校长历史家尤金·屈雷尼、文学院长麦克斯·斯基特摩亚等等——都热心国际文化交流。屈雷尼告诉我：他们意识到堪萨斯市远在美国中部，同外国来往不甚方便，风气不够开通，因此更要努力同外国大学建立交流关系。他本人来过中国，在北外等处讲过学；从中国回去后，他又亲自去到苏联，同莫斯科大学也建立了正式联系。

正是这个校园的密大设立了一个埃特加·斯诺讲座，请了一些中国名人去担任讲座教授，已经先后有了黄昆、韩德培、吴作人、英若诚几位。

我此番去堪萨斯市，也是为了要加强北外与密大的校际联系，探索一下在什么领域可以开展具体合作项目。

早就有美国朋友对我说过："你们何必尽把教师和学生送往名牌大学，那些地方已近饱和，而有许多其他大学是一样好或更好的。"经过此番访美，我对这一点更多一层认识了。

除了密大本身种种设施之外，在它的附近还有一家专业图书馆，为美国现代政治和外交史的研究，提供了另处所无的条件。

这就是杜鲁门纪念图书馆。它建在杜鲁门总统的家乡——密苏里州"独立"镇。

我由密大历史教授里却特·麦金齐、他的夫人和从上海大学来的程德女士陪同，前往"独立"镇。车行约二小时，就见到了一座白色的单层建筑，门前有美国国旗在飘扬。

馆里有一个永久性展览馆，展览了杜鲁门各个时期的实物、相片和重要文件的放大照片。引人注目的有一条铜制的《密苏里号》主力舰的大模型。第二次世界大战结束时，日本政府的代表就是在这条美国战舰上签字向盟国无条件投降的。

杜鲁门是一个"普通人"，做事实实在在，不搞什么花头。他在罗斯福突然去世，要他来继任总统的时候，曾说：日月星辰都落在他身上了，他担任了世界上最复杂最困难的工作，希望父老兄弟姊妹都要为他祈祷，让他能把这工作做好。

由于他说实话，后来又使美国在那紧要的历史时刻比较顺利地度过了两任总统交替时期，退职后也能谦逊自处，美国许多人至今对他有好感。

然而下令扔原子弹，后来又封锁台湾海峡的也是他。怎样来最后评定他的历史功罪呢？

也许这馆里所藏的档案能够部分地回答这个问题么？

无论如何，这个馆里最重要的资料是这些档案。我去的那天，馆里的人早有准备，让我看了几个卷宗。我随便翻翻，发现是一些信件和备忘录。信件当中，有外国领导人写来的，杜鲁门看过后，用铅笔加句批语或做个记号。备忘录主要是他的下属替他准备的。如有外国某大员想见他，国务院的人就替他准备好材料，说明来者何人，有何背景，此行大概有何要求，总统宜如何答他。也有是在开记者招待会之前估计会有什么问题，该如何回答之类的准备文件，供总统过目的。

公开这些档案是有计划的，到一定时期公开一批新的，但总有一个时间差，例如公开到四十年或五十年前为止。

在归途上，麦金齐教授一边开车，一边对我说："你们学校大可派几位教师来密大，一边在密大教点课，一边利用杜鲁门图书馆的材料来研究第二次世界大战结束时期的中美外交史。这里的生活费用在美国是比较低的。"

也是这位麦金齐教授，在我们的车子开出"独立"镇不久，指着路边的一些快餐店的招牌说："你看，快餐店一家接着一家，全是那么难看的招牌，此外就是汽车商店之类，这条街可称为美国最丑的街了，然而这却又是典型的！"

确实，枯燥的下午，枯燥的路途，一片黄色，就像是车行在无垠的平沙中。

也许是为了打破这枯燥，堪萨斯市努力充实它的文化生活。爵士乐之所以在这里兴盛，是为了填补精神上的一种空缺。其他表演艺术的受到重视，也是出于一种需要。密大师生和堪萨斯市民之中，还颇有一些诗歌爱好者。

我到堪萨斯市的第一天，就认识了大卫·雷。他是密大英文系教授，又是诗人，并曾主编密大的文艺刊物《新文学》多年。那天晚上，他同夫人裘第（诗人，原是英国人）一起开车来接，去到一家，是他们的朋友希考克夫妇所居。希考克夫人叫格鲁莉亚，显然是墨西哥人后裔，在编着一种妇女文艺刊物，叫做《赫里根的九才人》,印刷精美,经费像是大部来自她的丈夫比尔,他在经营着一个酿酒用的葡萄园。然后他们把我带到城里一家大餐馆,叫做"商人维克",在那里吃了一顿花钱不少的晚饭。餐馆里四壁挂着东方的大灯笼,上面写着斗大的汉字,还有一些东方的柜子等等装饰,烹调据比尔说是波里尼西亚即大洋洲的,但我吃着的实际上是中国广东菜。不论如何,他们都吃得很高兴,互相之间开着玩笑,像是无话不谈似的。

我有点茫然,只能随便应付几句,直到他们问我中国诗的英译问题,才算恢复了教书匠通常的条理,说了一番并不精采的话。

真好似阿丽丝梦游奇境!后来雷送来了他们的杂志若干本,其中有一期《赫里根的九才人》登载了丁玲的一篇小说(题目像是《某个早晨》)的英译,要我带回国去转送给她。

在我停留密大的整个时间,一直照顾着我的是曹根勃格教授。他原是密大的研究院长,现在是外语系主任,留着大胡子,看起来庞然大物,实际上却是很温和的。

他原是耶鲁大学出身,懂得梵文。对于外语教学,他主张要扩大范围,除了教语言、文学以外,还应该包括广播、电影、电视之类的材料。

他又说:美国教育界现在面临着新形势。美国大公司不再要仅仅受到训练(training)的人,而要有文化教养受过教育(education)的人。它们的人事部门现在到学校来着力物色的是后者。

  他是在送别我时在机场候机室说这番话的。我上了飞机，忽然感到：我在密大几天的所见所闻，合在一起，出现一个统一的图景了。美国这个一向讲实际的社会里显然比以前更清楚大学的重要、博物馆的重要、戏院和音乐厅的重要、对文学家艺术家加以宽容和鼓励的重要了，哪怕他们放浪形骸！

（一九八五年）

伯克莱的势头

我在国内的时候，多次听人说过伯克莱的加州大学在几乎所有学科方面都站在美国前列，整个大学名列第一。后来我看到《纽约时报》登了专家根据广发问答表、综合各方答案而得的各校成绩评定，果然如此。

到了美国，我不免要向美国朋友提起此事，问他们：到底这类评定可靠性如何？

他们的回答大致是：不可尽信，又不可不信。

另外，他们总要加一句：伯克莱确是颇有势头。

在东部看了几所名牌私立大学之后，我终于在一九八五年五月初到了伯克莱校园，就想进行观察，看看伯克莱的优越性在哪里。

一所大学不是一个局外人几天就可看清的。从外表上说，这个校园里山坡起伏，除了一座高高的钟塔，建筑没有特别吸引人的地方，倒是有一大片尤加利树林子，值得留连。学生会大楼前面有五颜六色的招贴，有时也聚着顶着标语牌的学生，在要求什么,或抗议什么。我在那里的两周里,正逢校董会开会讨论是否要从与南非有关的美国公司里撤回加大的投资问题。这是学生所要求的,为了反对南非当局的种族隔离政策,支援南非有色人种的斗争。一时形势紧张,连带枪的校卫队都出动了,有一天还有直升飞机在头上盘旋。

朋友们告诉我:样子有点像六七十年代了。伯克莱在学生运动上也是打冲锋的,往往天下未乱,伯克莱就动了。为此学生们同校当局也常有冲突,特别是在一位美籍日人当校长的时期。

这一次,虽然校董会否决了撤资案,倒没有引起更大的风潮。

我也进图书馆观察情况。伯克莱有一个新图书馆,专为本科生用的。里面全部开架。我看一些衣着简单(许多人拖着拖鞋)的男女学生在用各种姿势看书,并不像我们那样人人正襟危坐。他们似乎也不甚讲秩序,把看过的书丢得到处都是,时时有图书馆员推着小车来整理。

但我没进过实验室。有名的劳伦斯实验室在山上,另辟一区,生人不好随便进出。

倒是在校园以外的电报街附近的大小书店里,我看见不少学生在仔细阅读。这些书店多的是新书,陈列也尽量方便顾客,起了图书馆所不能起的作用。

问问在那里进修的中国学者,他们各有各的说法,但有一点却是共同的，即都喜欢伯克莱。

同样地，大部分教师也这样。他们口上不大说什么，但似乎愿意长期留在伯克莱，这在美国这个流动性很大的社会里也是异常的。

是因为他们的惰性么？还是因为加利福尼亚的天气太好了？

那里的天气确实好。夏天晚上出去作客，回时真是夜凉似水，使人想写诗。

但总有别的原因。有一次，我碰见一位生长在英国并在伦敦大学学习过的教授，问他是否有时怀念英国。

他说：当然是怀念的。伦敦还是一个颇适宜住家的都市。但是他更喜欢加利福尼亚。

什么原因呢？

"这里比较随便，自由，不受传统那一套的束缚。"

"就在社交上也这样，"他的夫人补充说。她也是英国来的，至今依然一口高贵的伦敦西区口音。

人种的更多聚合与交流也是一大特色。当然，每所美国大学都同美国社会本身一样，是"各族的大熔炉"，但我在伯克莱看到更多的西班牙和亚洲血统的学生，后者好像占了五分之一。露天咖啡座上，各种肤色的学生在交谈，人来人往，一片热闹。

加州各方面，包括州政府和工商业，对于伯克莱提供的经费多，也促成了大学的加速发展。你舍得花钱，我给你的效益也大，这也是一种"反馈"吧。

这就是说，伯克莱占了天时、地利、人和。

然而学术不只是这三者加起来的和。在学术上，伯克莱有些什么妙着呢？

说来也不惊人。根据道听途说，无非是不搞近亲繁殖，自己的博士生一般不留下，让他们去外面滚打翻爬一番再说，出人头地的再请回来；重金聘请在各学科居前列、有势头的各国学者，特别是让他们来帮着建立新学科；尽力办好研究院，让别的大学的优秀毕业生能为我所用，优秀的研究生又促进优秀的教师，于是各学科都越办越好。

这当然不是说说而已。需要远见，也需要实干，还需要在一时处于不利，能顶得住，能不改初志，坚持下去。

以伯克莱的英文系为例，它的教师当中既有传统学者，甚至版本专家如以新编莎士比亚十四行诗集出名的司蒂芬·布施，又有新锐的理论家如司蒂芬·格林勃拉特。

格林勃拉特来过中国，回去之后曾写一文谈他的观感，发表在一个学术刊物上，可惜我没读到。在我在伯克莱逗留的两周内，他往英国查资料去了，所以我也没有见到。但我曾听过他一次演讲，那就是他在普林斯顿作的《乐园里的戒严令》。

这题目够逗引人的。它的内容大致是：从许多文献可以看出，十六七世纪英国的上层人物，在争夺权利的时候，建立了一些制度，其用意在使下面的人经常保持一种惧怕的心理状态，以便利其推行政策，维持统治。这种心理恐怖统治也在文艺作品里有表现，例如莎士比亚的《请君入瓮》。格林勃拉特对此剧和若干其他作品进行了一些分析。

当时，我只来得及同他寒暄几句（我们在北京见过面），并告他我以后要去伯克莱。他也只有时间写下一个电话号码，就去参加为他和另一个讲演人所开的酒会了。

在伯克莱，我碰到了格林勃拉特的同事，女教授卡洛尔·克里斯特。她对于格林勃拉特在伯克莱的作用作了画龙点睛式的说明。

"在文艺复兴文学这一领域里，伯克莱的师资阵容是美国大学里最强的。研究的主流是以司蒂芬·格林勃拉特为代表的新历史主义。"

这位女教授年约四十，已被选为下届系主任，但还未接任。我同她见面，是为了想请她对于伯克莱英文系作一个全面介绍。

"新历史主义就是联系社会制度来研究文学，"她补充说。

我的印象是，这新历史主义同法国历史学家费尔南·勃罗台尔的新历史学有关。勃罗台尔的名著《地中海与菲力二世时期(一五五一——一五九八)的地中海世界》(一九四九,一九六六)揭出了一个新的写历史的方法,它根据大量资料对一个地区进行三层研究,即:一、结构;二、心理状态;三、事件。把三者交叠在一起,就有了他所称的"全面历史"。

我从克里斯特的办公室出来,在校门附近买了一份简单的午饭——中国式炒面和一大杯咖啡——坐在长凳上吃完之后,就去看拉尔夫·雷特教授。我同他约的是一点半见面。

我闻他的名已久。一九八二年我去都柏林参加乔伊斯百年纪念会的时候,他也在那里,但是当时我们并不认识。我只知道他在分组会上作过一次发言,但是我也没有听到。不过我从另外一些美国学者的口中,听见过他的名字,显然是在乔伊斯研究方面颇有成就的。

这一次在伯克莱见面,我发现他年约六十,有点发胖,是一个态度随和、说话实在的人。由于我对他房里那架微处理机发生兴趣,他为我表演了一下操作程序,并给了我一份由这机器打印出来的课程大纲。课是他所教的十八世纪英国小说研究,其着重点一是要认真阅读本文,二是要如期交笔头作业,一个学期要交小型论文三四篇。

他也送了我四五份他的论文抽印本。除了爱尔兰文学特别是乔伊斯是他的爱好之外,还可以看得出他历年对于十八九世纪的英国小说很有研究。过去英美文学研究界着重的是诗和文学批评，五十年代以来注意力转移到小说，特别是小说的形式、结构和内容之间的关系，可以统称为小说美学。因此雷特也可称为新派；事实上，他对于新派理论是熟悉的。然而他又是一个颇为特别的新派，即文章当中很少用新的术语，而且在某些关键的问题上还力排众议，回到传统的立场。

例如关于文学史内容问题。我已在上面各文中提到，美国文学研究界对于文学史应包括哪些作家、作品以及怎样评价它们，近年来颇有争论。这就牵涉到如何看待从来被认为"名著"（classic）的作品问题。确定某书是否名著，显然有社会的、政治的、经济的影响，亦即背后是有意识形态这一重要因素的，而意识形态只属一时一地，是可变因素，因此名著的选择谈不上客观性。这一点，已为我所认识的两位主编新的美国文学史的学者所接受，他们都说将增加讨论妇女的、少数民族的、纯文学以外的作品的篇幅。

如今雷特却提出异议。在一九八四年十二月举行于华盛顿的现代语言学会年会上，他读了一篇论文，题为《文学经验与确定名著的客观性》。文章的大意是：历代无数读者、批评家，特别是作家对于某些书的爱好构成了一种客观的总评价，形成了一种传统；这传统不是一成不变的，每一新的时代会有不同的人各从自己的利益出发，提出不同看法，但他们的观点也是会变的，最后则往往重归传统，只不过由于这一番折腾，传统也被刷新和充实了，获得了新的生命。这是一种生生不息的延续过程，某些旧的名著会被淘汰，新的名著将被接纳，而大部分原来的名著继续受到欣赏，作为它们核心的"文学之美"将会代代相传下去。

这是"常理"的声音，一个以研究乔伊斯小说为专长的二十世纪学者回到了十八世纪约翰孙博士的立场。他在文章开始处所引的，正是约翰孙的名言：由于时间的扬筛作用，"为人所知最久就是受到考虑最多，受到考虑最多也就是为人理解最深。"到了这种程度，当年推崇原书的各种动机也就失去作用，剩下的就只有它在一代又一代的读者身上引起的乐趣了。

在各种新理论之风不断吹拂的当前，回到约翰孙的"常理"观是需要理论上的勇气的，但又是符合文学批评上的英国传统的。英国传统的特点是：着重具体作品的品评，品评者主要是作家兼批评家，约翰孙之前有雪尼、班·琼生、屈雷顿、蒲伯等人，之后有柯尔律治、济慈、海什力特、安诺德、艾略特、燕卜荪、李维斯等人，形成一个连续的世代，而所谓"常理"也不是纯凭印象，而是掺和着人生经验和创作甘苦，掺和着每人的道德感和历史观，因此他们的批评具体而又不限于技术小节，有创见而又不故弄玄虚，看似着重欣赏，实则关心思想文化和社会上的大问题，而且这些人除李维斯外，都是文章能手，或雄迈，或清丽，或明快，或亲切，真正做到了使读者既有享受又得教育。他们不是思想与文学"体系"的建立者，这可以说是一个缺点；然而有多少"体系"站住了脚？而他们来自实际的心得体会却传了下来，至今仍是经得起咀嚼的好文章。……

伯克莱能容得下格林勃拉特，也容得下雷特，表明它的学术天地是广阔的、开放的。

但毕竟我在伯克莱只住了两星期，见闻有限，因此临到离开那里向圣马林诺进发的时候，心里仍然充满了问题。例如，我虽对英文系的师资阵容有深刻印象，却又不免想问：这么多专家之中，谁是今天的大师？也许，在眼前重专门家而轻综合家的风气之下，这样的提问就是荒谬的，但是我回想起我的老师一代，无论中外，都有若干位学术界的巨人。他们精通自己的专业——不精通无足以取信于师友——但又能跨越它，进入更高的境界，成为贯通文史哲学的大学者，而且高风亮节，对青年后进特别奖掖，在我们中国，还把自己的学问默默地献给了正在受难或奋起斗争的全民族。对于作为一个国家最高学府的大学，自来有各种设想、希望，总是想要看到它既善于传授知识，又会提高全社会的格调，使它更加公正，更加高尚。伯克莱的势头是没有疑问的，但是它有什么文化上的抱负和对社会的使命感，则还有待深知内情的人来剖析了。

（一九八五年）

湾区山水人物

我这次访美,最后的息脚点是旧金山。

过去没有来过这个城市。这一次来,不仅有新鲜感,而且由于有一位年青朋友伴游,看得较全较真切,印象确是难忘。

先讲风景:从双峰山上看下去,旧金山全市静静地躺在脚下,过去是海,海那边是奥克兰区,两岸之间有长桥相通,但早晨有雾气,像白腰带似的绕在桥、水之间,真的是:桥在虚无缥渺间。

开阔中有秀丽;实在,又有点捉摸不住;大自然的本色,又加上人的杰作:我从未看过这样的风景。

桥有金门桥,又有奥克兰桥,都是长达七八英里,合我们二十里上下,都是既结实壮观,又轻巧美丽。奥克兰桥我们去时走下层,回时走上层,钢索悬架,如一大七弦琴,既是工程学上的骄傲,又是美学上的创新。

这两座桥分别建于三十、四十年代,已不算什么新结构新工程了,但亲历其上,依然给人以震撼。

是震撼却不令人惊怖，因为天清气朗，一切看得清楚，虽然有雾，雾外却是蓝天碧海，金阳耀目，无须用彩色照片，一切就显得绚烂。

人的脾气也似乎比平常更加和善。这时候，眼看胜景，静默无言，但又愿意同任何人谈，用最柔和的声音谈。

旧金山是和善的城市。它的联合广场有人情味，一趟趟有彩饰的电车带来了铃声和笑语，抛出了一车又一车的游客、本地人、流浪汉、风尘女，虽在大楼林立的市中心，却无一般大城市所有的钢骨水泥的铁青脸。

旧金山的景色也有惊险之处。由于市区一部分建在山上，马路常有突然爬高又突然下降的。坐在汽车里，爬时常怕车爬不上，而一到顶上，突见街道向下倾泻，又怕车收不住脚。有一处住宅区，建在山上，路盘旋在房屋与花园之间，上下转了十几个弯。从下面看去，汽车时隐时现，车头在鲜花之间闪烁着，也是别处难见之景。

旧金山是一个海港。各国各种肤色的水手都要在长途海行之后，奔上岸去，寻找吃的、唱的、用的、旧时的情人、可能结交的新朋友。

旧金山有吃不尽的海鲜。我曾去到"渔夫码头"，看见了还保存在那里的旧船和数不尽的海鲜餐馆。大海的秘密和宝藏被旧金山人捞取了多少世纪，还在源源不断地运上来。

旧金山又是一个活跃的文化中心。人们常说：美国文人喜欢住的，东岸数纽约，西岸数旧金山。除了图书馆、博物馆之外，旧金山有一个歌剧院，那现代化的建筑里有一个第一流的班子在定期演出。甚至旧金山的教会也醉心现代建筑：离市中心不远处耸立着圣玛丽亚教堂，它的大三角形白色外形曾经引起世界建筑学界的赞叹。

许多文学艺术上的新流派首先发源于旧金山，如五十年代的"垮掉的一代"。我未来之时，就有美国朋友对我说："你在旧金山什么也可以不看，但不能不看'城市之光书店'。"伯克莱的才女阿芙塔尔还自告奋勇，要陪我去。

我也终于去了。是一座黄色楼房，正在街角，因此出入方便。门面未见特点，进门则见书架一排接着一排，延续到专卖艺术书等等的地下一层。就是匆匆一瞥，我也看到了它卖的有关中国的书特别多，还有专放垮掉派作品的专架。此外，墙上窗上贴着几条标语，是关于夺取政权之类的话，凑近去一看，原来是巴枯宁的名言。

我发现了新出的金斯堡全集。据书皮的介绍说，这是至今最完备的全集，连金斯堡一直不肯发表的一首描写同性恋的情诗也包括在内了。

一年前，我在北京的中美作家会议上认识了这位诗人。如今，身处旧金山，又站在他的发迹之地的"城市之光书店"里，我不禁想起了他的诗行：

加利福尼亚的一家超级市场

今夜我多么想你呵，华尔特·惠德曼，当我沿着树走
  下小街，头痛，不自在，瞧着天上的满月，
又困又饿，追求着形象，我踏进一家霓虹灯下的水果
  超级市场，梦想着你诗里长长的货单！
多大的桃子，多大的影子！全家都在晚上买东西！过
  道里尽是丈夫们！老婆们在梨堆里，婴孩们在西红
  柿堆里！——还有你，迦西亚·洛尔加，你在西瓜
  堆旁干着什么？……

这长长的诗行里光影交错，人果杂陈，写出了加利福尼亚的丰足，而诗人却有双重饥饿，既是肉体的又是精神的，怀念着惠德曼，又怀念着洛尔加，两个从来不向阴影低头的大诗人。

旧金山人种混杂，衣着随便。离联合广场不远，行人道上但见黄人黑人，罕见白人。附近的商店也是张贴着中文夹英文的招牌、货物表、菜单，其中还有不少越南名字，原来这些店大部分是华裔、越南难民开的。

他们都有过海上漂泊的痛苦经历，正同他们的父辈祖辈有过囚禁在艾里斯岛上的屈辱经历，然而几年过去，倔强的生命

力就使他们在这里站住了脚跟。

据说,旧金山及其附近的整个湾区,有着三十万中国人。

唐人街来不及漫步细观,只乘汽车匆匆经过两趟。从外表上看,同香港和旧时的广州长堤一带差不多,颇有几家酒楼,有的在门口玻璃窗内,挂着诱人的广东烧烤、腊味。行人道上走着的人,也似香港所见,在装束随便的青年人和衣冠整齐的中年人之外,还有不少仍然一色中国旧打扮的老华侨、老太太。

也有日本城,就在中国总领馆附近。一片日本式的建筑,传统的外形——方方正正的,上有大屋顶,四边有檐翼然——包含了极现代化的设施,其中似有无数精巧的商店。据说在加州的日本人团结一致,合力兴办了一些大事业,日本城的建筑即其一。在政治上,他们也比较活跃,竞选国会参议员众议员和地方公职而当选者颇不乏人。

中国与日本——可以合起来称为东方的"存在"也表现在加州的文教事业上。我不大清楚日裔美籍作家的情况,但在伯克莱英文系里有一位日本教授,叫三好正井。听说他原是在日本攻读英美文学的,颇有造诣,前几年受聘来到伯克莱。有人问他为什么不干脆教日本文学?他说:教日本文学的日本人已多,而他立志要打进美国研究文学的主流,所以要教英国文学。我曾在校门附近远远看见他跟着一群学生走过。听说他经常参加学生的游行示威,这次向校董会请愿从与南非有关的公司中退股的行列中就有他一个。

伯克莱教授名单中还有许多中国人。它的数学研究所所长是陈省身。过去赵元任也在此教授多年。文学方面，陈士骧虽已病故，新的一代中国学者已经接上。理工科教授中，中国人更多。

在美国写作的中国人当中，也多半在加州住过。除了从台湾去的白先勇、叶维廉、陈若曦等人在加州一些大学教书外，还有一位用英文写作的汤婷婷（Maxime Hong Kingston），曾在加州生活过一个时期，虽然现在去了夏威夷。她是《女强人》和《中国人》的作者，曾获得美国全国图书奖，作品的销行是比较广的。顾名思义，就可看出她写的是在美国的中国人，只不过不再是开洗衣房的那一代华侨，而是他们的后代，特别是其中的青年人，他们生在美国，长在美国，在行为举止甚至价值标准上完全美国化了，然而在灵魂深处还存在中国祖先和家族的记忆，而父辈祖辈的风俗习惯、文化特点、对故土之恋也还有无形的、几乎是无所不在的影响。

"亚洲人的存在"还表现在两件事上。

我到后不久，伯克莱的东亚语文学系白之（Cyril Birch）教授请我参加一次晚宴。白之也是在北京开比较文学讨论会时认识的，他汉语说得地道，而且温文尔雅，在英国学者风度之上还添加了中国老一代学者的周到的礼貌。这次重见，他更是热情，好客，这天晚上就同夫人一起，驾驶新买的丰田——克列西达牌汽车把我接到了一家叫做"鹿鸣春"的中国餐馆。

美国各地都有中国餐馆，就我吃过的普通馆子而论，似乎西海岸一带比东部的更好些，而其中"鹿鸣春"尤合我的口味，比起北京的有名馆子来也不差，何况它还有北京所缺的大量的新鲜海味。

烹调在文化上占什么地位？这次宴会上，主人、客人全是中国文化的爱好者：三对夫妇，主人一对来自英国，客人一对来自台湾，另一对来自加拿大，男的是研究汉学的德裔学者，太太是中国人，带着一个名叫爱力卡的小女孩；两个研究生，一个来自北京，一个来自台湾；此外就是伯克莱下届比较文学系主任，一位德裔古典文学家，和来自北京的我。谈的虽以生活为主，也涉及中国的文史之学。

我的一个感想是：中国学正在进一步国际化。美国学中文的学生数量并不大，也谈不上什么"中国热"，但是在美国的各国学者对于中国学问的涉猎之广和钻研之深却非始料所及。目前的重点似乎正从中国古典转移到中国现、当代文史，用的方法是比较的，并且试图用文学、哲学、语言学上的某些新理论来研究问题。那次宴会席上，主人白之教授曾将中国的《牡丹亭》同莎士比亚的《冬天的故事》相比，客人施密特先生则正在写"韩愈与卡夫卡"的论文。

中国学不止是汉学，它还包括中国境内各少数民族的文、史、宗教、医药、技术等等方面的研究。这些方面我所知甚少，但也听说过美国某些大学在进行蒙古历史、地理的研究，并在积极建立藏语的课程和专业。

这种情况非独美国一国为然，日本，苏联，东欧的捷克，西欧的德、法、英，北欧的荷兰和瑞典以及大洋洲的新兴大学里都出现了新一代的学者正在取得中国学研究上的新成果。

第二件事是在伯克莱参加的一次毕业典礼。

也是白之教授邀我去的。伯克莱的毕业典礼现在采取化整为零的办法，由各系分别举行，以白之为主任的东亚语文系选择了五月中的一个晚上，在校园外面的一个西班牙式的建筑里举行仪式。

白之和伯克莱副校长——一位到过中国的天文学家——穿上了宽袍大袖的博士服，面对一群也穿着各种"学服"的应届毕业生而坐，屋子里还有其他师生、来宾和毕业生家属。典礼一开始，白之起立致词，除向毕业生表示庆贺之外，还介绍了来宾中的两人，一个是驻旧金山日本总领事 Masari Seo，一个就是来自北京的我。

这一届共有三十人毕业，并取得学位，其中学士十九人，硕士六人，博士五人。博士人数之多，超过往年，白之在说话中称之为"丰收的一年"。这些人当中，有来自中国、日本、泰国等国的，当然也有土生土长的美国白人。中国留学生中，有一个来自广东，这次拿了硕士，是研究《红楼梦》的，主张钗黛合一论，其论文的中文本已在香港出版。

这个典礼上的主要演讲人是日本总领事 Seo。听说他是日本东京帝大毕业之后又去英国牛津大学进修过，所以能用流利的英语致词。他讲的主要是日美贸易问题，用了一些具体数字，表明美日间贸易之不平衡——即美国从日本输入远远超过向日本输出一事——非日本之过，因为它已经作了巨大努力来谋求贸易平衡。这正是当前日美之间的尖锐问题，这位总领事选择了这次行毕业礼的时机来为本国辩护，其谋国之忠与见缝插针之敏捷是令人心折的。

演说后，由副校长给每位毕业生颁发文凭，家属们纷纷开动闪光灯照相。

继之以酒会，不仅喝了红白两种葡萄酒，还吃了刚刚切开的大蛋糕的一块。在这酒会上，我遇见了已故陈士骧教授的遗孀和一位也像我一样受美中学术交流委员会邀请从北京来此的考古学家。

出来的时候，白之夫妇陪我参观了所在处的建筑和庭院。黄色的墙面，大的拱门和走廊，庭院里的喷泉，都在月光下烘托了西班牙建筑的异域情调。由于刚才室内有点热，在庭院里我感到了湾区特有的夜凉，似乎只有青年时期在昆明，曾经享受过这夜凉似水的特殊愉快。

然而昆明却没有这近旁的太平洋。正是这一片浩淼壮阔的水面和两岸及洋中岛屿上的风流人物，挑逗了人们的历史想象力。有一位伯克莱的教授对我说:他在法国讲学的时候,那里流行着一种理论,认为世界最有发展前途的地区是太平洋沿岸,将出现一个由中国、日本和加利福尼亚组成的太平洋文化圈,运用其优秀的人才、丰富的资源和高超的技术散布影响于全世界。

姑妄言之,姑妄听之。无论在这圈内或圈外,中国人,包括在这里湾区的三十万人,都要加倍努力,去创造自己今后的历史。

(一九八五年)

图书在版编目(CIP)数据

心智的风景线 / 王佐良著. —郑州：河南大学出版社，2014.1
ISBN 978-7-5649-1293-2

Ⅰ.①心… Ⅱ.①王… Ⅲ.①随笔—作品集—中国—当代 Ⅳ.①I267.1

中国版本图书馆 CIP 数据核字(2013)第 165256 号

出 版 人　马小泉
出 品 人　张云鹏

心智的风景线

著　　者　王佐良
责任编辑　张　珊　谭　笑
封面设计　周伟伟

出　　版　河南大学出版社
地址：郑州市郑东新区商务外环中华大厦 2401 号　邮编：450046
电话：0371-86059701(营销部)　网址：www.hupress.com
制　　作　南京紫藤制版印务中心
印　　刷　河南省瑞光印务股份有限公司
版　　次　2014 年 1 月第 1 版　　印　次　2014 年 1 月第 1 次印刷
ISBN 978-7-5649-1293-2
开　　本　850mm×1168mm　1/32　　印　张　6.375
字　　数　112 千字　　　　　　　　定　价　26.00 元

版权所有，侵权必究
(本书如有印装质量问题，请与河南大学出版社营销部联系调换)